Hans-Jürgen Benedict

Angst, Zorn, Klage, Scham & Freude

Theologisch-ästhetische Erkundungen

zu den großen Gefühlen

Lutherische Verlagsgesellschaft Kiel

Der Autor, Jg. 1941, studierte Theologie in Hamburg, Heidelberg sowie Tübingen und promovierte 1971 in Bochum. Er war Pfarrer in Recklinghausen, ab 1980 in Hamburg-Steilshoop und von 1991-2006 Professor für diakonische Theologie an der Ev. Hochschule für Soziale Arbeit und Diakonie. Zahlreiche Veröffentlichungen, Mitherausgeber der Zeitschrift *Junge Kirche.* Ständige Mitarbeit bei *Evangelische Stimmen, Ev. Zeitung, Zeitzeichen, Publik-Forum, Pfarrerblatt.*

ISBN 978-3-87503-184-3

Cover: Jens Vogelsang, Aachen

© Lutherische Verlagsgesellschaft mbH, Kiel 2015

Printed in Germany

Besuchen Sie uns im Internet:

www.kirchenshop-online.de

Ich danke Horst Friedrichsmeier, Bochum, der den Text kritisch gelesen hat und mich zur Veröffentlichung ermunterte, sowie Jutta Reinhard, die ihn auf Rechtschreibfehler und Kommasetzung durchforstete; weiter allen Freunden, die ich mit meinen ästhetischen Erkundungen zu den Gefühlen belästigen durfte und die mir fast immer ein positives Feedback gaben. Der Nordkirche danke ich für den kleinen Druckkostenzuschuss.

Hamburg, im August 2015

INHALT

1. Einleitung: Gefühle hier, Gefühle da

Annäherung an ein Modethema

a. „Anschauung und Gefühl"?
Religion als abnehmende Gefühlsmacht in der Moderne

Ein Lieblingsbuch meines dreijährigen Enkels Felix heißt *Was fühle ich?*
Gefühlszustände sind visualisiert und das kleine Kind soll nun die Begriffe zuordnen: Ich bin traurig, ich bin wütend, ängstlich usw. Etwas anderes tue ich auch nicht. Ich trage jeweils zu den großen Gefühlen
zusammen, was ich über diese Emotionen weiß, was mir dazu einfällt aus
der jüdisch-christlichen Tradition, der griechisch-römischen Antike, aus
der klassisch-romantischen und aus der Gegenwartsliteratur, aus Theater,
Oper und Film, auch aus der jüngsten deutschen Geschichte und der Aufarbeitung der Vergangenheit.

Gefühle sind ein beliebtes Thema, in der Romanliteratur, in der Philosophie, in der Psychologie, in der Ratgeberliteratur und neuerdings auch
in der Theologie. Ich klicke auf das Stichwort *Gefühle* im Campuskatalog
der Hamburger Staats-und Universitätsbibliothek und erhalte eine Liste
mit 532 Titeln.

Große Gefühle! Es war Schleiermacher, der vor 200 Jahren als erster neu-
zeitlicher Theologe das Gefühl zu einer Grundkategorie religiösen Erlebens
machte. In seinen *Reden über die Religion* (1799) vertrat er als Theologe
prononciert die Meinung, Religion sei „weder Denken noch Handeln, sondern Anschauung und Gefühl". Bewusst setzte er Religion von Moral und
Metaphysik ab. „Sie will im Menschen nicht weniger als in allem andern
Endlichen und Einzelnen das Unendliche sehen, dessen Abdruck, dessen
Darstellung." Insofern sei sie „Sinn und Geschmack für das Unendliche"
(Schleiermacher, 1958, 29 f.). 100 Jahre später bestimmte Rudolf Otto das

Erlebnis des Heiligen als ein doppeltes Gefühl – als fascinosum und tremendum, das Sich-Wundern und Loben wie das Zunichtewerden.

Zwar hat dann die Dialektische Theologie Gott als den ganz Anderen, von dem wir als Menschen eigentlich nicht reden können und doch reden müssen, bezeichnet. Aber mit ihrer durchaus expressionistischen Sprache war doch bei aller Abgrenzung von menschengemachter Religion das Ergriffensein von dem ganz Anderen auch ein religiös gestimmtes Gefühl. Es konnte nach 1933 zumindest in den unierten Kirchen dem charismatischen Erleben des Führers Paroli bieten. Unser Herr „Jesus Christus, wie er uns in der Heiligen Schrift bezeugt wird, ist das eine Wort Gottes, dem wir im Leben und Sterben zu vertrauen haben“, beginnt die 1. These der Barmer theologischen Erklärung. Das war damals als mutiges Wort gegen Hitlers totalen Führungsanspruch ganz wichtig.

Doch die christologische Engführung dieses konfessorischen Gefühls hat sich heute in den evangelischen Kirchen verflüchtigt und einer breiteren Fundierung des Glaubens Platz gemacht. In den protestantischen Gegenden hat das Erlebnis vor allem der barocken Kirchenmusik Bachs mit ihren Affekten dem Gefühlsausdruck des Glaubens und was von ihm übrig geblieben ist Rechnung getragen. Dank, Lob, Zweifel, Klage, Zorn werden in den Kantaten und Oratorien Bachs durch die barocke Klangrede so bewegend vermittelt, dass die alten Texte mit ihrer Selbstzerknirschung des Sünders und ihrer Jesusmystik der gläubigen Seele auch noch zu den Menschen des 21.Jahrhunderts sprechen.

Von wirkmächtigen Gefühlen bestimmt waren im 18.und 19. Jahrhundert die Bewegungen von Nationalismus und Imperialismus, im 20.Jahrhundert die des Kommunismus und Faschismus. Sie führten zu schrecklichen Kriegen und Zerstörungen, bevor ein eher nüchterner demokratischer Kapitalismus und wissenschaftlicher Rationalismus sich durchsetzte und alles Gefühl in den privaten Raum von Liebe und Familie verwies bzw. in die Gefühlsbesetzung schöner Dinge, den Fetischcharakter der Waren. Heute leben wir, wie Eva Illouz überzeugend gezeigt hat, in einer Zweiteilung: draußen die kapitalistisch-rationale Wirtschaft mit ihrer Selbstdurchsetzung, drinnen das Gefühl von Liebe und Familiarität. Eines hilft das andere ertragen.

Anders als vorausgesagt, kam es nicht zu einem Absterben der Religion, wohl aber zu ihrer Relativierung. Dass die universale katholische Kirche sich im Zeitalter der Massenmedien trotz konservativ-reaktionärer

Ethik behaupten konnte, ist vor allem dem charismatischen Auftreten Johannes Paul II. geschuldet, aber auch dem Bedürfnis gläubiger Menschen auf der südlichen Erdhälfte nach Berührung mit dem Transzendenten in der weiß gekleideten Gestalt eines milden heiligen Greises. Das deutsche „Wir sind Papst-Gefühl" mit der Wahl des intellektuellen Kardinals Ratzinger zum Papst hielt hingegen nicht allzu lange vor. Allerdings scheint das Papsttum mit seiner Personalisierung des Religiösen in einer sakralen Gestalt selbst für intellektuelle Kreise viel attraktiver als der nüchterne Protestantismus, wie die ständige Papstberichterstattung in der Sparte *Glauben und Zweifeln* der ZEIT zeigt. Wie bei den Romantikern 200 Jahre zuvor scheint es eine Bereitschaft zwar nicht zum sacrificium intellectus zu geben, aber zu einer Bindung an etwas, das absoluter ist als die „Götter auf der Durchreise" (Georg Seeßlen) unserer Mediengesellschaft.

Welche Rolle spielen heute noch religiöse Gefühle im Alltag – etwa zu den großen Festen Weihnachten, Ostern und Pfingsten? Kein Fest ist so stark gefühlsorientiert verankert wie das Fest der Geburt Jesu Christi. Auch der Kirchenferne feiert es gerne. Aus den Innenstädten wird ein einziger Weihnachtsmarkt, Einzelhändler und Kaufhäuser feiern Umsatzrekorde. Die gefühlsmäßige Verankerung hat ihren Hauptgrund im spontanen Gefühl der zärtlichen Empathie, das fast jeden Menschen angesichts eines hilflosen kleinen Kindes in der Krippe ergreift. Ob sich das zu einem Grundgefühl der Gebürtlichkeit und damit der elementaren Hoffnung auf Erneuerung und Neuanfang und vielleicht sogar der Geburt eines Messias, wie Hannah Arendt hoffte, vertieft, scheint zweifelhaft.

Mag das Christentum untergehen, was nicht wahrscheinlich ist – Weihnachten wird überleben. Mögen die Theologen noch so sehr über die Veräußerlichung des Festes schimpfen, es bringt nichts, sie haben es nicht mehr in der Hand. Das christliche Weihnachtsfest ist nun mal eine gefühlig transformierte zivilreligiöse Veranstaltung geworden. Die komplizierte Inkarnationstheologie – wie kann Gott, das Absolute, Mensch werden, wie ist die doppelte Natur dieses Gottmenschen zu verstehen, etwas, worüber sich die Theologen seit zwei Jahrtausenden den Kopf zerbrechen – wird angesichts des Säuglings im kalt-zugigen Stall von Bethlehem unerheblich. Der Friedenschor der Engel über den Feldern von Bethlehem gibt Gelegenheit, in einer unfriedlichen Welt aufzuatmen. Die Familien finden sich trotz aller Konflikte doch vor dem Tannenbaum zusammen und die Kinder werden überreich beschenkt.

Ostern ist inzwischen wie Weihnachten ein Fest, das eher äußerlich und kommerziell gefeiert wird. Schokoladenosterhasen sind schon Wochen vor dem Fest in den Auslagen zu sehen. Die Schaufenster der Kaufhäuser präsentieren Frühlingsmode. Die Touristik bietet Frühlingsreisen an – zur Insel Mainau, mit dem Flugzeug nach Madeira oder auf die Kanaren. Warum auch nicht: Man kann Ostern als ein buntes Fest des Lebens feiern, das Haus wird schön geschmückt mit Frühlingsblumen. Im Garten wird ein Ostereiersuchen für die Kinder und Enkel veranstaltet. Als ferne Erinnerung an den ursprünglichen Sinn des Festes gibt es zum Mittagsmahl Lammbraten. Wer es noch weiß, zitiert Goethes Osterspaziergang aus *Faust 1*, die berühmteste weltliche Auslegung des christlichen Osterfests. In einer klugen Übertragung der Osterbotschaft ins Naturgeschehen doziert der gelehrte Doktor Faust:

„Jeder sonnt sich heute so gern. / Sie feiern die Auferstehung des Herrn, / denn sie sind selber auferstanden / aus niedriger Häuser dumpfen Gemächern, / aus Handwerks- und Gewerbesbanden, / aus dem Druck von Giebeln und Dächern, / aus der Straßen quetschender Enge, / aus der Kirchen ehrwürdiger Nacht / sind sie alle ans Licht gebracht."

Die überwältigende Naturerfahrung des Frühlings tritt an die Stelle der Gotteserfahrung in den Kirchen. Man könnte sagen: Gott ergießt sich in die sich belebende Natur des Frühlings und in das Volksvergnügen. Der Doktor nimmt es zustimmend zur Kenntnis in den bekannten Worten:

„Ich höre schon des Dorfs Getümmel, / hier ist des Volkes wahrer Himmel, / zufrieden jauchzet groß und klein: / Hier bin ich Mensch, hier darf ich's sein." Menschwerdung auf dem Osterspaziergang und dem Jahrmarkt, wenn auch leicht ironisch-skeptisch getönt, als hätte er die heutige Kommerzialisierung vorausgeahnt.

Und schließlich Pfingsten, das Fest der Geistausgießung, der Geburtstag der Kirche. „Pfingsten, das liebliche Fest, war gekommen", beginnt Goethes *Reineke Fuchs*. Und so wird es auch gefeiert – als Gelegenheit für den Pfingstausflug, für ein verlängertes Wochenende in der nun voll erblühten Natur. Staus auf den Autobahnen. Volle Ausflugslokale, überforderte Kellner. Der Heilige Geist, die dritte Person der Trinität, jedoch ist schwer zu begreifen: „Mit dem heiligen Geist", sagt ein Justizrat aus Königsberg zu dem auf Helgoland kurenden Heinrich Heine, „mit dem heiligen Geist hat es wohl am Ende dieselbe Bewandtnis wie mit dem dritten Pferde, wenn man Extrapost reist; man muß immer dafür bezahlen und bekömmt es doch nie zu sehen, dieses dritte Pferd." (Heine, 2005, 47 f.)

In der Tat, so ist es und erfasst ziemlich genau die Schwierigkeit der Theologen, die Trinität zu erklären. Sicher, im übertragenen Sinne kann man das Pfingstereignis umschreiben. „Feuer und Flamme" sind die Insignien der Geistausgießung. „Feuer und Flamme" sollen die Hamburger sein dafür, dass 2024 in Hamburg die Olympiade stattfinden soll. „Geistesgegenwart" wünscht man sich und anderen gelegentlich selber. Mehr Begeisterung für eine gute Sache wird verlangt, ein Pfingstereignis der andern Art. Aber das ist alles abgeleitet und kein ursprünglich elementares religiöses Erleben mehr. Wo das passiert, etwa wenn Evangelikale in Zungen reden, so versteht das keiner. Erlebnisintensität und Ekstase werden in der Rock- und Popkultur, aber nicht mehr in der Kirche gesucht.

Die großen christlichen Feste und die mit ihnen verbundenen Gefühle bleiben, ihres christlichen Gehalts weitgehend entleert, in zivil-religiöser Gestalt lebendig. Andererseits sind die Evangelischen Kirchentage, die alle zwei Jahre an die 100.000 Christen um Himmelfahrt oder Fronleichnam auf dem Messegelände einer Großstadt zusammenbringen (ähnlich die Katholikentage), auch große Gefühlsveranstaltungen – beim Singen in der Masse, beim Protest gegen die dort auftretenden Politiker, aber auch beim konzentrierten Zuhören bei den Bibelarbeiten. Wo gibt es das sonst noch, dieses nachdenkliche und vielfältige Fest eines gesellschaftlich sich verantwortenden Glaubens! Schließlich die neueste Entwicklung: Das Auftreten eines fremd erscheinenden, strengen Islam in Europa führt auf einmal dazu, dass viele distanzierte Christen ihren eigenen Glauben wiederentdecken und das Gefühl entwickeln, sie müssten ihn gegen eine angebliche „Islamisierung des Abendlands" verteidigen. Das Tragen von Kopftüchern, der Auftritt bärtiger Moslems und ganz verschleierter Frauen erscheint vielen, die von anderen Bedrohungen (etwa der Umwelt) keine Notiz nehmen und deutsche Mitbürger mit Piercings und Tattoos nur leicht verwundert betrachten, als schlimme Bedrohung ihrer Lebensform. Die Wiederkehr eines richtigen religiösen Gefühls kann man das wohl nicht nennen, aber es ist zumindest eine ferne Erinnerung daran. Vielleicht gibt es andererseits fromme Katholiken, die angesichts der Mohammed-Karikaturen Mitgefühl mit den verärgerten Moslems empfinden, weil sie selber ihren katholischen Glauben beleidigende Karikaturen des Papstes durch das Satiremagazin *Titanic* kennen. Dass die Bundeskanzlerin den mutigen Satz des damaligen Bundespräsidenten Wulff, der Islam gehöre zu Deutschland, Anfang 2015 wiederholte, löste noch einmal Debatten um unsere kulturelle Identität aus. Auch in dieser Debatte wurde die christliche Signatur auf einmal von Menschen betont, die sich sonst wenig darum scherten. Immerhin – in vielen kirchlichen, sozial durchmischten Kindergärten werden die Feste der anderen Religionen mitgefeiert, das muslimische Bayramfest, das jüdische Chanukkah. Im Stadtstaat Hamburg gibt es nicht nur eine *Akademie der Weltreligionen,* sondern auch einen „Religionsunterricht für alle".

Also Wiederkehr religiöser Gefühle nach einer langen Phase der Entzauberung? Wer die Mitgliedschaftsuntersuchungen der EKD liest, mag nicht recht daran glauben. Die gewaltsame antichristliche Transformierung durch zwei Diktaturen und die sanfte Entchristlichung durch einen erfolgreichen Konsumkapitalismus hat unumkehrbare Wirkungen gehabt.

b. Von Saulus zu Paulus

Persönlichkeitsveränderung durch religiöse Bekehrung

Das Christentum ist durch einen Gefühlsumschwung in der antiken Welt entstanden. Jedem Christen ist die plötzliche Bekehrung des Paulus vor Damaskus bekannt. Die Apostelgeschichte erzählt sie dramatisch, Paulus selber eher nüchtern, große Maler wie Caravaggio haben sie eindrucksvoll gemalt, der zum Protestantismus konvertierte Felix Mendelssohn-Bartholdy hat sie vertont. Als Paulus nach Damaskus reitet, um die dortigen Anhänger der neuen Lehre „gebunden nach Jerusalem zu führen", hat er eine Lichterscheinung, stürzt zu Boden und hört eine Stimme: „Saul, Saul, was verfolgst du mich" (ein Engelschor singt es bei Mendelssohn in hohen, geschichteten Stimmen). Er erhält auf die Frage „Herr, wer bist du?" die Antwort: „Ich bin Jesus, den du verfolgst." Er ist drei Tage lang blind, bis ihm ein Mann mit Namen Hananias die Hände auflegt, er wieder sehen kann, sich taufen lässt und fortan in den Synagogen predigt, dass „Jesus der Sohn Gottes sei" (Apg 9,1 ff.).

Paulus selbst bekennt den Gemeinden von Galatien: „Ihr habt ja von meinem früheren Leben im Judentum gehört, wie ich die Gemeinde Gottes bis zum Äußersten verfolgte und sie zu vernichten suchte und im Judentum viele meiner Zeitgenossen in meinem Volk weit übertraf und noch leidenschaftlicher als alle für die Satzungen der Väter eintrat" (Gal 1,13 ff.). Aus dem Verfolger der ersten Christen wird durch eine Offenbarung ein Christ. Alles, was ihm vorher wichtig war, wird neu konnotiert. „Der uns früher verfolgt hat, der verkündigt jetzt den Glauben" (Gal 1,23). Man könnte sagen, eine gravierende Persönlichkeitsveränderung hat stattgefunden. Ein Herrschaftswechsel. Vom Saulus zum Paulus werden – das ist sprichwörtlich geworden. Vom frommen Juden zum entschiedenen Christen. Vom Verfolger zum Missionar. Vom angepassten Bürger des Imperium Romanum zum kritischen Untertan. Diese Bekehrung hat die Geschichte des Abendlands verändert – Paulus wird ein energischer Missionar der neuen Religion, verlässt die Grenzen des Judentums und bringt das Christentum nach Europa, wo er rastlos tätig ist bis zu seinem vermutlichen Märtyrertod in Rom. Im Laufe von drei Jahrhunderten erfasst das Christentum mit seiner Botschaft vom leidenden und auferstehenden Gottessohn Jesus Christus den gesamten Mittelmeerraum, wird Staatsreligion, breitet sich nach Mittel-, Nord- und Osteuropa aus und wird mit der Entdeckung Amerikas zur Weltreligion.

Die Bekehrung des Paulus war ein durch Gott gewirktes heilsgeschichtliches Wunder. Medizinisch oder neurologisch wird man es nicht erklären wollen, obwohl auch das versucht worden ist und Paulus selber mit enigmatischen Äußerungen über den Stachel im Fleisch (war er Epileptiker?) dazu Anlass gab. Wie würde ein Hirnforscher diese Umkehrung des Paulus heute erklären? Wäre Paulus für ihn ein religiöser Phineas Gage, jener Vorarbeiter, dem bei einer Explosion beim Eisenbahnbau 1848 in Vermont ein meterlanges Stopfeisen durch den präfrontalen Kortex drang, was ihn wundersamerweise nicht tötete, aber zum Erlöschen seines Gefühlslebens führte (Damasio, 70)? Und der dadurch zum ersten Beispiel der Bedeutung des Gehirns für die Gefühlsentwicklung wurde?

War die Botschaft Jesu für Paulus dieses Stopfeisen? Wieso ist Paulus alles, was ihm vorher höchst wertvoll war, nun auf einmal nichts mehr wert? War das eine göttliche Gehirnwäsche? Was ist mit seinen Gefühlen geschehen, seiner Liebe für die Satzungen der Väter und für Israel, das Volk der Erwählung, die erste Liebe, der Augapfel Gottes? Wie kann jemand so umgedreht werden? Hat er seine Gefühle für das Volk der Väter abgetötet oder wurden sie von einer fremden Macht abgetötet? Hat man ihm einen Vergessenstrank gereicht? Oder einen neuen Liebestrank, der so wirkt wie später bei Tristan und Isolde, nur dass seine Geliebte nicht eine Frau aus Fleisch und Blut, sondern die *ekklesia*, die Kirche Jesu Christi ist? In den Korintherbriefen und im Römerbrief gibt Paulus einen Einblick in seine Gefühle und seine Hoffnungen, er zeigt seinen Kummer über Gemeinden, die ihm nicht mehr folgen. Er demonstriert, dass all seine Leidenschaft jetzt dem Messias und seinem kommenden Reich gilt. Schließlich verrät er auch, dass seine Gefühle für Israel noch ganz da sind, nur jetzt im Kleid der Traurigkeit darüber, dass Israel sich dem Messias Christus verweigert, aber versehen mit der glühenden Hoffnung, dass es eines Tages zu Christus finden wird. Dann wird Gott alles in allem sein und die vollständige Verwandlung der Welt tritt ein, sodass er in den Lobpreis ausbricht: „O welch eine Tiefe des Reichtums, der Weisheit und der Erkenntnis Gottes!" (Röm 11,33)

Weil die alten Gefühle auch in der neuen Religion noch vorhanden sind, träumt er einen eschatologischen Traum der spirituellen Weltveränderung, der die Theologen bis heute beschäftigt. Aber das Fazit ist: Paulus sind nicht die religiösen Gefühle abhanden gekommen, er hat sie „nur" vom Judentum auf das Christentum verlagert und intensiviert.

c. Grundgefühle evolutionsgeschichtlich betrachtet
und christlich kommentiert

In der Emotionsforschung sind in den letzten fünfzehn Jahren mehr Untersuchungen über die Gefühle entstanden als in den hundert Jahren zuvor. Die Literatur dazu ist kaum noch zu überblicken. Ich hatte begonnen mit biblischen Erkundungen zu den Gefühlen und erst in einem zweiten Schritt mich mit der Emotionsforschung befasst. Da war ich überrascht, dass ich bei meinem in psychologischer Hinsicht unwissenschaftlichen Vorgehen ungefähr die sechs Grundgefühle entdeckte, die auch die Emotionsforschung heute annimmt. Es war Charles Darwin, der mit seinem Buch *Der Ausdruck der Gemütsbewegungen bei dem Menschen und den Tieren* (1872) die Grundlage für die Emotionsforschung gelegt hat. Er sandte eine

Liste mit Beschreibungen von Gemütszuständen an Bekannte in verschiedenen Ländern und fragte sie: Wird Überraschung ausgedrückt, indem die Augen und der Mund weit geöffnet und die Augenbrauen gehoben werden? Zeigt sich Scham an einer Rötung der Haut? Wenn ein Mensch ärgerlich ist, runzelt er die Stirn, hält den Körper aufrecht, spannt die Schultern und ballt die Fäuste? Ähnliche Fragen stellte er zu Freude, Hohn und Angst. Darwin schloss aus den 36 Antworten, die er erhielt, dass derselbe Gemütszustand auf der ganzen Welt mit erstaunlicher Übereinstimmung ausgedrückt wird. Zur Erklärung nahm Darwin an, dass eine ursprünglich unbewusste Verhaltensweise, die sich als lebensrettend erwiesen hat, im Gehirn erstens mit einem bestimmten physiologischen Erregungszustand assoziiert wird und zweitens zu einer gegenläufigen Bewegung führt. Das überzeugendste Beispiel dafür ist die Angst, auf die mit Flucht reagiert wird. Drittens aber wies Darwin auf die Veränderung des Nervensystems hin – auf Schwitzen, Muskelzittern, Farbveränderungen der Haut und der Haare. Darwin erinnerte an den Emotionsausdruck des knurrenden Hundes, dessen Haare und Schwanz sich aufstellen. Das sei wahrscheinlich ein Überbleibsel seines abwehrenden Beißens.

Wichtig ist, wie Beobachtungen an Affen zeigen, dass der Emotionsausdruck die soziale Organisation einer Gruppe regelt – der dominante Affe zeigt Ärger mit offenem Mund, der rangniedere eine Unterwerfungsgeste. Evolutionsgeschichtlich gesehen stellt also die emotionale Geste eine Ökonomie der Ausdrucksweise dar, die dem Individuum Überlebensvorteile einbringt. Töne können dabei den Ausdruck einer Emotion verstärken. Normalerweise schweigsame Tiere, so beobachtete Darwin, stoßen jämmerliche Klagelaute aus, wenn sie getötet werden, besonders wenn der Schmerz mit Schrecken verbunden ist (darin dem Menschen ganz ähnlich).

Das war 1872. Hundert Jahre später hat der Emotionsforscher Paul Ekman Darwins Vermutungen fast gegen seinen Willen bestätigt, als er Collegestudenten in Japan, den USA, Brasilien, Chile und Argentinien je 30 Fotos von Menschen mit verschiedenen Gesichtsausdrücken vorlegte. Es stellte sich eine hohe Übereinstimmung in der Einschätzung von Gefühlsausdrücken für Glück, Trauer, Ärger/Wut, Furcht, Ekel und Überraschung heraus. Um sein Ergebnis zu überprüfen, fuhr er nach Neuguinea zu einem Stamm, der noch keinen Kontakt zur westlichen Kultur gehabt hatte, reduzierte die Auswahl auf ein angstvolles, ein fröhliches und ein ärgerliches Gesicht, erzählte den Stammesangehörigen zu jedem Bild eine Geschichte und bat sie dann, das dazu passende Gesicht zu zeigen. Er sagte beispielsweise: „Stell dir vor, da ist ein wildes Schwein, das dich angreifen will. Zeig mir die Person", und sie zeigten auf das ängstliche Gesicht. Diese und weitere Experimente anderer Wissenschaftler in mindestens dreizehn verschiedenen Kulturen überzeugten Ekmann, dass es sechs Grundgefühle gibt, die auf der ganzen Welt auf gleiche Weise ausgedrückt werden: Angst, Überraschung, Ekel, Trauer, Ärger und Freude. Ekman resümierte: „Wir benutzen verschiedene Wörter, unsere Haltung und unser Umgang mit Gefühlen können verschieden sein als Ergebnis von Lernen und sozialer Kontrolle; aber der Kern der Emotion selbst, davon bin ich überzeugt, seit ich Neo-Darwinist bin, ist ein Ergebnis unserer Evolution. Emotionen haben sich entwickelt, damit wir mit lebenswichtigen Dingen fertig werden, und zwar in einer Weise, die für unsere Vorfahren vorteilhaft war" (zit. Wassmann, 35). Unsere Vorfahren, das sind in der Menschheitsgeschichte die Jäger und Sammler. Ihre emotionalen Reaktionen bestimmen uns auch heute noch, das kann man im Straßenverkehr beobachten: Wenn uns jemand provoziert, sind wir bereit diese Provokation zu erwidern (Vogel zeigen) und eventuell loszuschlagen. Wenn uns jemand in einer unübersichtlichen Situation bedroht, sind wir eher bereit zu fliehen. Das ergibt heute Probleme, denn wenn ein anderer bedroht wird, bin ich eigentlich verpflichtet, Hilfe zu leisten, sonst kann ich wegen unterlassener Hilfeleistung juristisch belangt werden.

Das Konzept der Basisemotionen geht von der Annahme aus, dass diese Emotionen in der Vergangenheit einen Anpassungsvorteil dargestellt haben. Sie haben besonders zur Ausbildung der Persönlichkeit gedient und das Sozialverhalten in der Gruppe befördert. Man nehme das Beispiel der Freude: Wenn jemand Freude zeigt und freundlich ist, erleichtert das die sozialen Bindungen, kann Hilfe und Unterstützung durch andere befördern. Der freudige Gesichtsausdruck ist zudem ein universal erkennbares Zeichen friedlicher Absicht; es kann allerdings auch ein Zeichen der Verstellung sein, was im europäischen Drama in der Intrige eine wichtige Rolle spielen wird, man denke an Jago in Shakespeares *Othello*. Irgendwo habe ich gelesen, dass es einen Stamm in Ostasien gab, der Fremde freundlich begrüßte, um sie hinterher zu töten und aufzuessen. Weil Freude wie das

Lachen ansteckend ist und einen ähnlichen Gesichtsausdruck des Gegenübers erzeugt, trägt diese Emotion zum Wohlbefinden in einer Gruppe bei.

Und wie reagiert das Gehirn auf Ärger, etwa wenn mir jemand den Parkplatz wegschnappt, auf den ich durch Blinken einen Anspruch angemeldet habe? Werde ich ärgerlich, springe aus dem Auto und beschimpfe den anderen? Oder fahre ich gelassen weiter? Klaus Scherer hat fünf Reizprüfschritte angenommen, die das Gehirn in dieser Situation ganz schnell durchführt: Ist ein Ereignis neu und unerwartet? Ist es angenehm oder unangenehm, relevant für die Ziele und Bedürfnisse des Organismus? Bewältigbar? Ist es mit sozialen Normen vereinbar? Wenn diese Schritte noch durch differenzierte Fragen erweitert werden, lässt sich ein Ereignis gewichten und nach Scherer die daraus resultierende Emotion vorhersagen. Zum Beispiel so: Wenn etwas unvermutet eintritt, unangenehm ist und den eigenen Wünschen/Zielen zuwiderläuft, wird man traurig werden. Darüber hinaus kann man ärgerlich werden, wenn das Ereignis als ungerecht und fremd empfunden wird. Schließlich: Wenn man sich angesichts dieses Ereignisses als nicht souverän bzw. hilflos empfindet, kann man traurig oder deprimiert werden. Auf diese Weise lassen sich Basisemotionen mit internationaler Gültigkeit unterscheiden. In einer Studie, in 37 Ländern mit 2921 Studierenden durchgeführt, wurden die Probanden gebeten, sich an Situationen zu erinnern, in denen sie Freude, Ärger, Angst, Trauer, Ekel, Scham und Schuld empfunden haben. In allen Ländern waren gleichartige Situationen Auslöser für Emotionen und entstanden gleichartige Emotionen. Kulturelle Unterschiede zeigten sich jedoch in der Einschätzung von Moralität, Ungerechtigkeit und Fremdverursachung der die Emotionen auslösenden Ereignisse. Afrikaner tendierten dazu, Scham und Schuld als stärker fremdverursacht anzusehen als Europäer. Lateinamerikaner hielten Emotionen auslösende Ereignisse deutlich seltener für unmoralisch als Afrikaner. Die Forscher erklärten diese Unterschiede vor allem mit der sozio-ökonomischen Struktur und den jeweiligen Glaubenssystemen.

Heute kann man in Filmen solche Reiz-Reaktion-Szenen erleben und die Kognitions-Emotionsdebatte in rasanten bewegten Bildern nachvollziehen. In dem Film *Wild Tales*, Untertitel: *Jeder dreht mal durch* (Argentinien 2014), ist der smarte Autofahrer in seinem Audi aus der Konfrontation mit seinem rüden Gegner im Pick-up gedemütigt, aber noch unbeschädigt hervorgegangen. Er fährt erleichtert weiter. Doch nach 100 Metern wendet er den Wagen, fährt zurück zu der Stelle, wo sein Kontrahent noch steht, und schiebt dessen Wagen in den Fluss. Das Unheil nimmt seinen Lauf, die nächste Eskalationsstufe ist in Gang gesetzt. Am Ende sind beide tot.

Die beiden Kontrahenten hätten vielleicht vorher an einem Experiment teilnehmen sollen, das die Kognitionsforscher Kaiser und Wehrle durchgeführt haben. Sie entwickelten ein Computerspiel, das die Komplexität von sozialen Interaktionen nachahmte, gleichzeitig aber so überschaubar war, dass es wissenschaftlich ausgewertet werden konnte. „Wir haben herausgefunden, dass es uns mit diesem Spiel tatsächlich gelingt, echte alltägliche Emotionen im Laborexperiment zu generieren. Wir können wirklich in bestimmten Situationen Freude, Traurigkeit, Ärger und Angst induzieren. Die Versuchspersonen reagieren entsprechend und sagen das auch." (zit. Wassmann, 56)

Das Computerspiel besteht aus Niveaus mit ansteigendem Schwierigkeitsgrad. Die Versuchsperson Tanja (ihre mimischen Muskeln sind markiert und können so ausgewertet werden) muss ihren Agenten durch labyrinthartiges Gelände manövrieren und gegen Fressfeinde, bösartige Spinnen und andere Hindernisse kämpfen. Dabei begegnen ihr Situationen, die Emotionen auslösen. Wie reagiert sie? Wie verändert sich ihr Gesichtsausdruck? Welche Spielstrategie ergreift sie, um mit den entstehenden Frustrationen umzugehen? Heraus kam, dass Emotionen komponentenartig zusammengesetzt sind und dass das emotionale Geschehen komplexer ist als die Theorie der Basisemotionen nahelegt. „Wenn etwas nicht ganz so läuft, wie wir es erwarten, also wenn Tanja zum Beispiel in dem Spiel keinen Erfolg hatte, sondern ihren Agenten aufessen ließ, dann tritt vielleicht als Erstes so etwas wie Ärger auf, aber sehr schnell kommen dann so ein Lächeln … und so etwas wie Verlegenheit und Scham." Es gelang den Forschern vor allem, die einzige positive Emotion Freude und das mit ihr einhergehende Lachen bzw. Lächeln durch das Experiment zu differenzieren. „Es gibt Erleichterung, es gibt Stolz, Freude, freudige Erregung oder stille Freude, und diese Emotionen scheinen sich auch mimisch auszudrücken." Auch die Formen des Lächelns wurden so differenziert, das höfliche, das entschuldigende, das elende Lächeln, bei dem sogar der Beobachter weiß, dass die Person, die das Gefühl zeigt, es nicht wirklich erlebt. Sie lächelt, aber sie fühlt sich elend. Auch die Wichtigkeit des sozialen Lächelns, mit dem zwischenmenschliche Beziehungen aufrechterhalten werden, wurde im Experiment nachgewiesen.

Christen sollen sich nicht streiten, sondern Nächstenliebe üben. „Soviel an euch ist, haltet mit allen Menschen Frieden" (Röm 12,18). Diese frühchristliche Empfehlung zur Friedlichkeit muss auch unter diesem Aspekt der Asymmetrie sozialer Beziehungen gesehen werden. Die Christen als Angehörige eines nicht offiziell geduldeten Glaubens mussten lächeln, wenn man ihnen Unrecht tat. Sie kompensierten dieses Gefälle dadurch, dass sie das Schwache als das von Gott Erwählte bezeichneten. Klassisch in dem Satz, den Paulus im 1.Korintherbrief so formuliert: „Was schwach ist vor der Welt, das hat Gott erwählt, damit er zuschanden mache, was stark ist, und das Verachtete hat Gott erwählt … damit er zunichte mache, was etwas ist" (1. Kor 1,27 ff.). Was in der frühchristlich-asymmetrischen Situation ein theologischer Versuch war, die oft unerträgliche Situation durch paradoxe Trostformeln aushaltbar zu machen, wird als kirchliche Moral einer hegemonialen Mehrheitsreligion zu einer Ideologie der Unterordnung, die Nietzsche so ärgerte (s. Kap. 5). In der beschleunigten, hoch individualisierten Konkurrenz- und Leistungsgesellschaft wäre allerdings ganz neu nach der Relevanz von Statusverzicht als Grundwert der ersten Christen (neben dem der Nächstenliebe) zu fragen (Theißen, 101 ff.). Platt gesagt: Ich verzichte lächelnd auf den von mir beanspruchten Parkplatz oder den mir als Comfort-Kunde zustehenden Sitz im ICE. Ganz wie Onkel Toby in Laurence Sternes *Tristram Shandy*, der sich über einen dicken Brummer ärgert, der ihm um den Kopf herumfliegt. Er will ihn schon erledigen, dann hält er inne und sagt sich: „Für uns beide ist doch genug Platz in Gottes großer weiter Welt." So kann die Zusammenschau von frühchristlicher Ethik und Erkenntnissen der Gehirnforschung eine reizvolle Art sein, an ein altes Problem neu heranzugehen.

Ich werde mich im Folgenden nicht exakt an den neurowissenschaftlich erhobenen Grundgefühlen Angst, Überraschung, Ekel/Scham, Trauer, Ärger und Freude orientieren, sondern in einer Mischung persönlicher Vorlieben mit biblischen Akzentsetzungen auswählen, also gemischte Gefühle betrachten. Über das Liebesgefühl lasse ich mich nicht aus, es ist mir zu komplex. Ich halte es mit Goethe, der im *West-Östlichen Divan* dichtete: „Wunderlichstes Buch der Bücher / ist das Buch der Liebe. / Aufmerksam hab' ich's gelesen. / Wenig Blätter Freuden, / ganze Hefte Leiden."

2. Klage, Melancholie, Traurigkeit

a. Klagen ist nicht Jammern
Die alttestamentlichen Klagepsalmen als biblischer Umgang mit Not

Unweigerlich wird der Mensch im Lauf seines Lebens von Nöten betroffen. Er antwortet auf die ihm zugefügten Leiden mit Schmerzensschreien und Klagen. In der Gattungsgeschichte wie im einzelnen Leben. In dem Moment seiner Geschichte, wo der Mensch die Schrift und die Kunst erfindet, gehören Klagen und Darstellung von Schmerzen zu den ersten Formen der Auseinandersetzung mit dem Leid. In einem altägyptischen Text aus dem Jahr 2400 v.Chr. wird auf das Schreien leidender Kinder verwiesen und Gott ironisch gefragt, ob er schlafe und die Schreie nicht höre. Die Laokoon-Gruppe zeigt in aufgerissenen Mündern den Schmerz des Vaters und seiner Söhne, die von Schlangen erwürgt werden. Das Leiden der Titanen, die auf dem Fries des Berliner Pergamonaltars von den Göttern grausam besiegt werden, beeindruckt jeden Besucher. Die Klagen der leidenden Menschen in der Antike sind Klagen, die sich an die Götter richten, von denen sie ihr Leben bestimmt glaubten. Im alten Israel, das bildhafte Darstellungen ablehnte, ist die bilderreiche Sprache der Klage-Psalmen so etwas wie ein verbaler Pergamon-Fries leidender Menschen. Auf diese Klagen als eine für den Umgang mit Nöten wiederzuentdeckende wichtige Handlungsform des Menschen hat Frank Crüsemann aufmerksam gemacht. „Die Grundreaktion eines von massivem Leid Betroffenen ist im alten Israel wie in vielen Kulturen die Klage. Nur von ihr her kann die Sicht menschlichen Leids im Schnittpunkt von Gott und Mensch, Leben und Tod, Schuld und Unschuld sachgemäß angegangen werden." (Crüsemann, 70)

Für die Menschen der Bibel ist die Klage die wichtigste Reaktion auf die Nöte, denen sie ausgesetzt sind. Dazu gehören persönliche Feindschaften,

Konflikte und Kriege, Naturkatastrophen, Hunger und Wirtschaftsnöte. Auszugehen ist dabei von dem Befund, dass ein Drittel der Psalmen zur Gruppe der Klagen einzelner in Not geratener Menschen gehören. So ruft ein Beter in Ps 13: „Herr, wie lange noch? Hast du mich ganz vergessen? Wie lange noch verbirgst du dein Antlitz vor mir? Wie lange muss ich mich noch quälen? Wie lange erhebt sich mein Feind gegen mich?" Doch so deutlich auch die große Not benannt wird, die meisten Klagepsalmen enden überraschend mit Dank, Lob, ja mit Jubel – so auch beim Beter in Psalm 13: „Ich habe doch auf deine Gnade vertraut, Herr. In deinem Heil jubelt mein Herz." Offensichtlich erfolgte die Bewältigung der Lebenskrisen in einer Gesellschaft ohne professionelle Therapeuten und Helfer mit Hilfe der Klagen und der Rituale, in die sie eingebettet waren. Aber wie muss man sich das vorstellen?

Zunächst einmal wendet sich der Klagende, der zugleich auch der Bittende ist, an Gott. Denn Gott wird im alten Israel als der für alles Zuständige geglaubt und angebetet. Es gibt keine Aufteilung Gottes in einen guten, lieben und einen dunklen, unbarmherzigen Gott. Hinter allem, was dem antiken Menschen widerfährt, steht allein Gott. Gott wird für die gesamte Wirklichkeit zuständig geglaubt. „Gott ist nicht das Gute, sondern das Ganze", wie Thomas Mann es in *Joseph und seine Brüder* genannt hat. Deswegen gilt ihm die Klage wie der Dank. Klagen sind Gebete, die mit dem Eingreifen Gottes rechnen. Oder wie es der islamische Mystiker Rumi ausgedrückt hat: „Die Antwort liegt im Schrei." Dass überhaupt geklagt und geschrien wird zu Gott, ist das Kennzeichen der antiken Glaubenshaltung. Auch Jesus am Kreuz klagt und betet mit dem alttestamentlichen Psalmbeter aus Ps 22,2 f.:„Mein Gott, mein Gott, warum hast du mich verlassen? Ich schreie, aber meine Hilfe ist ferne. Mein Gott, des Tages rufe ich, doch antwortest du nicht, des Nachts, doch finde ich keine Ruhe."

Die Klagen, die der Beter vor Gott ausbreitet, sind Zustandsbeschreibungen seines Elends. Das geschieht in Formeln, die bis heute für Menschen in Not typisch sind. Körperliche Einschränkungen werden genannt, „nichts ist heil an meinem Fleisch, in meinen Knochen ist kein Frieden" (Ps 38,4 ff.). Aber auch psychische Belastungen wie die Nachstellungen durch die Feinde: „Mich umgeben Hunde, zerreißen mir Hände und Füße wie Löwen" (Ps 22,21 f.). „Fremd bin ich geworden meinen Brüdern und unbekannt den Kindern meiner Mutter" (Ps 69,9).

Ausgehend vom Phänomen, dass in den Klagen die eigentliche Not des Beters oft nicht zu erkennen ist, ist zu vermuten, dass es sich um ein „Netz der Not" handelt, um Kreisläufe der Not, die ähnlich wie bei den Nichtsesshaften oder auch den psychisch Kranken unserer Tage als ein Ineinander von Ursachen und Wirkungen zu sehen sind. Angesichts dieser Lage war „die Möglichkeit der Klage das Entscheidende. Sie war selbst die wichtigste Hilfe, die Gesellschaft und Religion anbieten konnten … Durch sie wurden die Leidenden zum Subjekt des Geschehens" (Crüsemann, 72). Durch die Klage wurden Gegenkräfte des Vertrauens geweckt, die sich in der Regel auch am Schluss der Klagepsalmen als Lob und Dank äußern. Darin, dass die vernetzten Kräfte des Unheils durchbrochen werden konnten, wird Gott am Werk gesehen. Niemand kann beweisen, dass Gott tatsächlich eingreift. Aber indem zu Gott gerufen und geklagt wird, wird der Sog zum Nichtstun unterbrochen. Dem diffusen Zorn auf alles und jedes wird eine Richtung gegeben. Dies Klagen ist also kein Jammern, das sich in kläglichen Ritualen ergeht, kein Nörgeln, das an allem etwas auszusetzen hat, kein Granteln, das zu nichts führt. Gott, das „Wort des Anrufs" (Martin Buber), fungiert als Klagemauer dort, wo keine menschliche Instanz mehr vorhanden ist. In einfachen Gesellschaften ohne Möglichkeiten des Appells an übergeordnete Institutionen (es gab nur den Gnadenerlass des Königs) war die Klage zu Gott eine wichtige Möglichkeit, mit alltäglichem Unrecht umzugehen, psychisch belastende Situationen aushaltbar zu machen oder sogar zu verändern. Über die Klage gelangte der Mensch zum besseren Umgang mit dem Unrecht und oft zum Dank für bewältigte Schwierigkeiten des Lebens. Der religiös Unmusikalische wird eher das Schicksal oder das Leben anklagen.

b. „Warum ist das Licht gegeben den Mühseligen?"

Hiobs Verfluchung des Tags seiner Geburt

und die Motette von Brahms

Der Mensch kommt mit Schreien auf die Welt; das hat manche Philosophen zu der Frage veranlasst, ob der Mensch überhaupt auf die Welt kommen will und es nicht besser sei, nicht geboren zu werden. Der große Philosoph Immanuel Kant fragt in seiner Theodizee-Schrift: „Woher hat der große Urheber unseres Daseins uns überhaupt ins Leben gerufen, wenn es nach unserem richtigen Überschlage für uns nicht wünschenswert ist." (Kant, 1968, 110 f.). Gotthold Ephraim Lessing verliert im Dezember 1777 Frau und Kind bei der Geburt und schreibt einem Freund bitter-lakonisch: „Ich verlor ihn so ungern, diesen Sohn, denn er hatte so viel Verstand. War es nicht Verstand, daß man ihn mit eisernen Zangen auf die Welt ziehen mußte? Daß er so bald Unrat merkte? War es nicht Verstand, daß er die erste Gelegenheit ergriff, sich wieder davon zu machen? Freilich zerrt mir der kleine Ruschelkopf auch die Mutter mit fort … Ich wollte es auch einmal so gut haben wie andere Menschen: es ist mir schlecht bekommen." (zit. Benedict, 2010, 87 f.)

Die Gabe des Lebens abzulehnen, sie zu verfluchen, dieses starke Gift des Zweifels an Gott und Welt lässt sogar die Bibel, die „große Hausapotheke der Menschheit", zu. Die „erleuchteten Männer der Tempelarchivkommission", die das Buch Hiob in die Bibel aufnahmen, sagt Heine, „wußten in ihrer Weisheit, daß der Zweifel in der menschlichen Natur tief begründet und berechtigt ist und daß man ihn also nicht täppisch ganz unterdrücken, sondern nur heilen muß. Sie verfuhren bei dieser Kur ganz homöopathisch, durch das Gleiche auf das Gleiche wirkend, aber sie gaben keine homöopathisch kleine Dosis, sie steigerten vielmehr dieselbe aufs ungeheuerste, und eine solche überstarke Dosis von Zweifel ist das Buch Hiob; dieses Gift durfte nicht fehlen in der Bibel, der großen Hausapotheke der Menschheit. Ja, wie der Mensch, wenn er leidet, sich ausweinen muß, so muß er sich auch auszweifeln, wenn er sich grausam gekränkt sieht in seinen Ansprüchen auf Lebensglück; und wie durch das heftigste Weinen, so entsteht auch durch den höchsten Grad des Zweifels, den die Deutschen so richtig Verzweiflung nennen, die Krisis der moralischen Heilung." (Heine, 2005, 190 f.)

Zunächst akzeptiert Hiob das über ihn verhängte Leid. Doch dann stimmt er eine große Klage an, die so beginnt: „Ausgelöscht sei der Tag, an dem ich geboren bin, und die Nacht, da man sprach: Ein Knabe kam zur Welt. Jener Tag soll finster sein, und Gott droben frage nicht nach ihm" (Hiob 3,3 f.). Es ist dies keine Klage wie in den Psalmen mehr, in der zu Gott gerufen wird, weil er den Frommen zeitweilig allein lässt, in der Gott aber auch der ist, von dem Rettung aus der Not erwartet wird. Wo die Klage mit einem Lobpreis Gottes endet, selbst im verzweifelt mit „Mein

Gott, warum hast du mich verlassen" beginnenden Ps 22. Denn in Hiobs Klage verschwindet Gott sozusagen in dieser Verfluchung des Lebens. Nicht nur den Tag seiner Geburt verflucht Hiob, sondern den Tag überhaupt, den Tag, der im Kampf zwischen Finsternis und Licht den Sieg des Lichts über das Dunkel des Chaos repräsentiert. Hiob 3 ist eine Umkehrung der Schöpfungstheologie von Gen 1, in der Gott spricht: „Es werde Licht. Und es ward Licht, und Gott sah, dass das Licht gut war. Und Gott schied das Licht von der Finsternis und nannte das Licht Tag und die Finsternis Nacht." Mit dem Tag seiner Geburt verflucht Hiob zugleich die Schöpfungsordnung. Ein nihilistischer Gedanke, der übrigens 2500 Jahre nach dem Hiobdichter in der Verfluchung des tückischen Tags durch den die Liebesnacht feiernden Tristan in Wagners *Tristan und Isolde* eine Resonanz gefunden hat.

Es folgen in V. 11-19 Warum-Fragen, die man heute wahrlich nicht auf einer Säuglingsstation nennen dürfte. „Warum kam ich nicht aus dem Mutterschoß und verschied?" Etwas, was früher in Zeiten großer Kindersterblichkeit üblich war, heute als Katastrophe gilt, wird herbeigewünscht. Und noch drastischer: „Wie eine verscharrte Fehlgeburt existierte ich nicht, wie Kinder, die das Licht gar nicht sahen." Darf man so wünschen? Dann folgen die Sätze: „Warum ist das Licht gegeben dem Mühseligen und das Leben den betrübten Herzen?" Der Sinn der Existenz wird allgemein infrage gestellt. Warum sollen die leben, deren Leben nur bitter ist, die auf den Tod warten, die froh wären, wenn sie ein Grab fänden? Das sind Sätze, die in der Philosophie und Theologie einen starken Widerhall fanden. Der pessimistische Gedanke, es sei besser nicht zu leben als geboren zu werden oder, wenn man schon geboren sei, besser sogleich zu sterben, hat eine morbide Faszination, wie an den Zitaten von Kant und Lessing deutlich wird. Gibt es auf diese Frage eine zufriedenstellende Antwort?

Johannes Brahms hat sie in seiner Motette *Warum ist das Licht gegeben dem Mühseligen?* gefunden. Gefunden dadurch, dass er die Motette mit dem chromatischen zweimaligen Warum-Ruf beginnen lässt und diesen dann nach jeder Zeile wiederholt, insgesamt fünfmal. Der erste Warum-Ruf erklingt im Fortissimo, der zweite im Piano verhallend. Und so ist es ja: Laut beginnen wir zu schreien angesichts des Leids, das uns trifft. Dass wir überhaupt schreien, ist doch das Wichtige, um dann leiser zu verhallen. Wir wissen nicht, ob es gehört wird da droben oder da drunten, oder wo Gott immer ist. Aber indem wir rufen in die Weltennacht „Warum", bleiben wir im Zweifel doch bei Gott. Erst nach diesem zweimaligen Warum-Ruf setzt das Thema des ersten Satzes ein, in enger Verbindung mit dem Text, seine Sprachmelodie nachzeichnend. Das mühselige Leben der Betrübten drückt sich unmittelbar in den gepressten, engen absteigenden Intervallen und dem Stocken des Rhythmus aus. Und nach jedem Vers ertönt wieder das zweimalige „Warum", in dem die Klage der Menschheit musikalisch aufgehoben scheint. Aufgehoben im doppelten Sinn, denn bei der Klage bleibt die Motette nicht stehen.

Es folgt als zweiter Satz „Lasset uns unser Herz samt den Händen aufheben zu Gott im Himmel". Und dann als dritter Satz eine Stelle aus dem Jakobusbrief, der die Dulder wie Hiob selig preist und in einer tröstlich-musikalischen Wendung Gott den Erbarmer nennt. Schließlich endet die Motette mit dem Lobgesang des Simeon, wie Luther ihn verdeutscht und vertont hat. „Mit Fried und Freud fahr ich dahin in Gottes Willen, getrost ist mir mein Herz und Sinn, sanft und stille. Wie Gott mir verheißen hat, der Tod ist mein Schlaf worden." So wandelt sich der Todeswunsch vom Beginn der Hiob-Klage zu einem tröstlichen Geborgensein in Gott, von der Verzweiflung, die herausgeschrien wird im wiederholten „Warum", zu einem stillen Getröstetsein mit dem Lutherchoral.

c. „In stiller Nacht"

Jesu Klage in Gethsemane

Vorspiel: Jesu Klage über Jerusalem
Es gibt zwei Klagen Jesu, die eine über Jerusalem, die andere im Garten Gethsemane. Die Klage über Jerusalem steht bei Matthäus am Ende der polemischen Weherufe über die Pharisäer und direkt vor Jesu Reden über die Endzeit (Mt 23,37-39), bei Lukas im Anschluss an die Notiz von der Mordabsicht des Herodes (Lk 13,34-35). Es ist keine persönliche Klage, sondern eine theologisch begründete Anklage, die die Kenntnis der Zerstörung des Tempels im Jahr 70 n.Chr. voraussetzt. Es wird Jesus etwas in den Mund gelegt, was die junge christliche Kirche in Auseinandersetzung mit der jüdischen Gemeinde meint festhalten zu müssen. Angeklagt ist das Jerusalem, das die zu ihm gesandten Propheten tötet und steinigt und des-

wegen, in Anspielung auf eine Jeremia-Prophezeiung, „verwüstet zurückgelassen" wird. Die Ablehnung Jesu als Messias führte demnach zur Zerstörung der Stadt durch die Römer – eine fragwürdige geschichtstheologische Konstruktion, die die schreckliche Niederlage des jüdischen Aufstands gegen das Imperium Romanum christologisch begründet. „Jerusalem, Jerusalem, die du tötest die Propheten …" Diese Generalisierung, die Jesu Verurteilung und Hinrichtung in einen größeren Zusammenhang der Prophetenverfolgung einordnet, hatte schlimme antijüdische Konsequenzen in der Kirchengeschichte. Trotzdem gibt es darin einen bewegenden elegischen Satz, der diese Funktionalisierung wieder relativiert. Jesus sagt: „Wie oft habe ich deine Kinder sammeln wollen, wie eine Henne ihre Küken unter ihre Flügel sammelt, und ihr habt nicht gewollt." Hier leuchtet, ganz unabhängig vom Schicksal Jerusalems, eine maternale Christologie auf, die man als eine Alternative zur paternalen Leidens- und Kreuzeschristologie lesen könnte. Hier klagt der mütterlich schützende Jesus als Glucke über die unbotmäßigen Küken, die offensichtlich woanders Schutz und Hilfe suchten. Man könnte sagen, dass die Klage Jesu über Jerusalem auch eine Klage über eine Theologie ist, die diesen Aspekt des Wirkens Jesu vernachlässigte. Statt der um die Schuld zentrierten Kreuzeschristologie würde die Glucken-Christologie wohl eher Akzeptanz und Vertrauen ins Zentrum gestellt haben.

Ein direktes Zitat des Gluckenbilds findet sich in Paul Gerhardts Vers „Breit aus die Flügel beide / o Jesu, meine Freude, / und nimm dein Küchlein ein. / Will Satan mich verschlingen, /so laß die Englein singen: / Dies Kind soll unverletzt sein." Jesus als die das gläubige Küken beschützende Glucke. Die Strophe hat bei Kindern zu hübschen Missverständnissen geführt. Nimm dein Küchlein ein, das heißt doch, iss deinen Kuchen. Also wieso dürfen wir dann abends keine Süßigkeiten essen, fragte mich meine kleine Tochter. Einen Reflex auf das Gluckenbild enthält auch Gerhardts Neujahrslied. Darin heißt es: „Denn wie von treuen Müttern / in schweren Ungewittern / die Kindlein hier auf Erden / mit Fleiß bewahret werden, / also auch und nicht minder / läßt Gott uns, seine Kinder, / wenn Not und Trübsal blitzen, / in seinem Schoße sitzen" (EG 58). In diesem Sinn versammelte in den schweren Gewittern meiner Kindheit unsere Mutter, wenn wir am Fenster saßen und angstvoll die Zeit zwischen Blitz und Donner zählten, uns Kinder beruhigend in ihrem Schoß und ihrer Schürze.

Jesus in Gethsemane

„In stiller Nacht, zur ersten Wacht, / ein Stimm beginnt zu klagen, / der nächtge Wind hat süß und lind / zu mir den Klang getragen. / Vor Herzeleid und Traurigkeit / ist mir mein Herz zerflossen. / Die Blümelein, mit Tränen rein / hab ich sie all begossen."

So beginnt ein Volkslied, das von Johannes Brahms in „Deutsche Volkslieder für gemischten Chor" 1864 vertont wurde (und dann noch mal für Sopranstimme und Klavier, wobei die Klavierstimme sich so eigenständig neben dem Gesang entfaltet, als wollte sie diese Welt verlassen). Eine langsame Melodie, schmerzlich süß und schön, eine Stimme, die sich elegisch aufschwingt und zurück in Trauer sinkt. Wer klagt und weint da? Und wer redet die Gestirne an und zieht sie mit in seine Trauer? Ein melancholischer Wanderer in stiller Nacht? Ein Romantiker, der sich nicht ganz heimisch in der Welt fühlt?

„Der schöne Mond will untergahn / für Leid nit mehr mag scheinen. / Die Sterne lan ihr Glitzen stahn, / mit mir sie wollen weinen. / Kein Vogelsang noch Freudenklang man höret in den Lüften, / die wilden Tier traurn auch mit mir / in Steinen und in Klüften."

Mit wem weinen da die Sterne, wer hat sogar die wilden Tiere zu Trauergenossen?

„In stiller Nacht" war bzw. ist ein bei Chören früher ungemein beliebtes Lied, oft ohne dass diese wussten, was sie eigentlich sangen. Hier singt kein einsamer Wanderer in stiller Nacht, kein weltverlorener Romantiker. Nein – dieser Nachtgesang ist ursprünglich gar kein Volkslied, sondern die erste und die letzte Strophe von Friedrich von Spees ergreifendem „Traurgesang von der Not Christi am Ölberg". Friedrich von Spee, geboren 1591 in Kayserswerth, war Jesuit, seit 1623 Professor für katholische Moraltheologie in Paderborn, Köln und Trier. Mutig bekämpfte er das Unwesen der Hexenprozesse. Seine geistlichen Lieder, darunter das bekannte „O Heiland, reiß die Himmel auf" (EG 7), haben die Barockdichtung nachhaltig beeinflusst; er starb mit nur 44 Jahren 1635 in Trier. Bezeichnend für ihn ist, wie er das Heilsgeschehen mit kühnen Naturvergleichen verbindet: „O Erd, herfür dies Blümlein bring, o Heiland aus der Erden spring." Spee ist für mich der größte katholische Lieddichter im Evangelischen Gesangbuch, wie umgekehrt Paul Gerhardt der größte evangelische im katholischen Gesangbuch *Gotteslob* ist.

Der Dichter hört die „klagende Stimme und nimmt in Acht", was sie sagt. „Ein junges Blut von Sitten gut / alleinig ohn Gefährten / in großer Not fast halber tot / im Garten lag auf Erden." Dann wird die Geschichte erzählt – der „liebe Gottessohn" im Dialog mit Gottvater, allein gelassen von den schlafenden Jüngern, im verzweifelten Ruf zur Mutter. Weder Gottvater noch Mutter antworten. „Zu Gott ich hab gerufen zwar / aus tiefen Todesbanden, / dennoch ich bleib verlassen gar, / ist Hilf noch Trost vorhanden." Danach kommt, was im Volkslied steht. „Der schöne Mond will untergahn, / vor Leid nit mehr mag scheinen" etc. (Pörnbacher, 215-217)

Allein die Natur trauert mit dem verlassenen Gottessohn, ähnlich wie es bei der zum Tod bestimmten Tochter Jephtahs im Oratorium von Carissimi, einem italienischen Barockkomponisten, in chromatisch gefärbtem Schmerz geschieht.

Dieses populäre Lied, das scheinbar eine Mondnacht besingt (Brahms entnahm es der bekannten Sammlung deutscher Volkslieder von Zuccalmaglio und Kretschmer 1838-40, von denen er 71 Lieder vertonte), bezieht sich auf Jesus im Garten Gethsemane. Jesus im flehentlichen Gebet, in heftiger Auseinandersetzung mit Gott als dem Herrn über Leben und Tod. „Es ergriff ihn Angst und Furcht und er sagte zu ihnen: Meine Seele ist betrübt bis an den Tod. Bleibt hier und wachet. Und er ging ein wenig weiter, warf sich auf die Erde nieder und betete, dass, wenn es möglich wäre, die Stunde an ihm vorüberginge, und sagte: Abba, mein Vater, alles ist dir möglich, lass diesen Kelch an mir vorübergehen." (Mk 14,33-36)

Dieser Aufschrei ist der Bitte des jungen Mädchens aus Claudius Gedicht „Der Tod und das Mädchen" seelenverwandt. „Vorüber! Ach vorüber! Geh, wilder Knochenmann." Jesus möchte von Gott, den er vertrauensvoll als Vater anredet, die Zusage einer Verschonung. Für einen Moment rückt Gott wieder in das Zwielicht eines menschenverschlingenden Molochs wie damals bei Abraham und Isaak. Und wiederum geht es um Gehorsam: „Doch nicht wie ich will, sondern wie du willst", schließt Jesu Gebet. Das Vaterunser klingt an. Diese Haltung entspricht dem Bild vom gehorsamen Gottessohn, der Gottes Heilsplan an sich geschehen lässt. Aber immerhin schildert der Evangelist Jesus so weit als Menschen, dass er sich gegen das Todesschicksal wehrt und aufbäumt. Einverständnis mit dem eigenen Tod also in den Schranken des Menschseins, das den Tod fürchtet und ihm entfliehen will. Aber selbst dieser Kampf Jesu ist schon den frühen Christen schwer fasslich gewesen. Bereits bei Matthäus und Lukas wird die Härte der Erzählung abgeschwächt; bei Johannes fehlt sie ganz. Auf der anderen Seite: Schon im 2. und 3. Jahrhundert n.Chr. haben Gegner des Christentums über diese Geschichte gespottet und Jesu Ringen höhnend mit Sokrates Gelassenheit verglichen, als er den Schierlingsbecher trank.

Hervorzuheben bleibt: Es ist tröstlich, dass Jesus an unserer Schwachheit, sprich unserer Todesfurcht, Anteil hat. Diesen Moment hat Spee in seinem Trauergesang festgehalten, den hat Brahms mit schmerzlicher Süße vertont, der wandelte sich zum „Volkslied" *In stiller Nacht*. Eine Antwort Gottes auf Jesu Flehen wird im Evangelium nicht erwähnt. Gott schweigt. Die Erzählung wendet sich den schlafenden Jüngern zu, wird zur Jünger-Mahnung. Gefasst sagt Jesus schließlich: „Es ist genug. Die Stunde ist gekommen. Steht auf und lasst uns gehen." Ein junger Mann hat seinen ersten Kampf mit dem Gott bestanden. Das heißt nicht, dass er nicht am Kreuz erneut seine Gottverlassenheit herausschreien wird.

d. „Lasciate mi morire"
Die Klagen der Frauen in der Oper

Die Liebesklage ist so alt wie die solche Klagen aufschreibende Menschheit. Sie findet ihren stärksten Ausdruck in der Musik, besonders in der Oper. Der Ursprung der neuzeitlichen Oper ist fast identisch mit der Expression der Liebesklage.

Am Beginn der Operngeschichte bei Claudio Monteverdi ist es die Klage um den verlorenen Geliebten, die keinen Ausweg zu lassen scheint als den Tod: „Lasciate mi morire" singt die von Theseus verlassene Ariadne in kunstvoller musikalischer Gestaltung des Todessehnens in Monteverdis berühmtem *Lamento d'Arianna* (1608). Die Oper ist aus dem Geist der Liebesklage geboren. Aber auch aus dem Geist der Schicksalswendung. Orpheus in Monteverdis *Orfeo* klagt, als er den Tod Euridices vernimmt: „Tu se morta, mia vita", sagt der Erde, dem Himmel, der Sonne

Addio. Er verflucht sich in Glucks *Orpheus und Eurydice* in einer zu Herzen gehenden Klage „Ach, ich habe sie verloren, all mein Glück ist nun dahin, wär, o wär ich nie geboren, weh, daß ich auf Erden bin." Und macht sich doch in den Hades auf, um die geliebte Frau zurückzuholen, bezwingt mit seinem Gesang die Geister der Unterwelt. Die Hoffnung der Oper macht auch vor den Pforten der Unterwelt nicht halt.

In Mozarts *Figaros Hochzeit* wird von der Gräfin in ihrer Arie *Porgi Amor* der Gott der Liebe angerufen, ihr das Verlorene, den untreuen Gatten, wiederzubringen oder sie sterben zu lassen. Hier aber verbindet sich die Macht der Liebe mit der der Vernunft. Die Frauen hoffen nicht auf einen mythischen Umschlag des Geschehens, sondern schmieden einen Plan, mit dem sie die glückliche Wendung der Dinge selber ins Werk setzen. Sie wollen den eifersüchtigen Figaro ebenso beschämen wie den untreuen Grafen. Im nächtlichen Garten wird dem lüsternen Adeligen ein Stelldichein mit Susanna in Aussicht gestellt. Die beiden Frauen tauschen die Kleider, die nächtliche Verwechslungskomödie beginnt. Der Graf macht seiner eigenen Frau, die die Kleider Susannas trägt, den Hof. Die Gräfin gibt sich zu erkennen, der Graf steht beschämt und bittet seine Frau um Verzeihung. Unter dem gestirnten Himmel kommt es zur Versöhnung, sie entsteht aus der Verbindung von Vernunft und Liebe, wird ins Werk gesetzt von den handelnden Frauen. Und vor dem Schlussjubel eine Pause, als atmete die Musik selber auf. Mozarts Musik ist verliebt ins Gelingen. Eigentlich soll niemand bestraft werden, geschweige denn sterben. Bei Mozart sind die leidenden Frauen aktiv, Gebet ist nicht verschwistert mit Resignation.

Wer häufig in die Oper geht, dem fällt nach einiger Zeit auf, dass die Frauen im 3. oder 4. Akt beten, um dann im 5. Akt zu sterben. Warum ist das so? Die Männer handeln und kämpfen. Die Frauen lieben und leiden, hoffen und glauben, vor allem aber: sie beten.

Sicher liegt in dieser Aufteilung – hier Kampf, dort Gebet; hier Aktivität, dort Passivität – ein altes geschlechtsspezifisches Verhaltensmuster. In den Opern des 17. und 18. Jahrhunderts erhielt das Gebet der Heldin, die Preghiera, einen festen Platz im Ablauf der Handlung, auch weil die Kavatine der Frauen ein ruhiger Gesangsteil ist. Die Anrufung Gottes oder der himmlischen Mächte war Ausdruck voraufklärerischer Glaubenshaltung, vor allem aber Gelegenheit für eine meditative Arie. In ihrer Verzweiflung, in Gefahr und Not wenden sich die Frauen an die Heilige

Jungfrau und an Gott im Gebet. Sie bitten um Hilfe, Beistand und Rettung, aber auch um Trost, Geborgenheit, den Frieden der Seele, die Aussöhnung mit ihrem Schicksal bis hin zum eigenen Tod.

Aber die unkritische Übernahme und Verstärkung dieses Musters besonders in den Opern des 19. Jahrhunderts fällt auf. Wollten die Männer-Komponisten mit den innigen Gestalten betender Frauen, die sich in ihrer Not an die Himmelskönigin wenden, sich und ihrem Publikum eine besondere Rührung verschaffen? Oder haben sie unbewusst die weibliche Ergebung ins harte, von Männern bestimmte Schicksal gepredigt? Vor allem Richard Wagner war der Schöpfer von Frauengestalten, die sich opfern: Er hat an die Erlösung des Mannes durch die liebende Frau geglaubt und sie immer wieder zum Thema seiner Opern gemacht. Elisabeth erlöst Tannhäuser, Senta den fluchbeladenen fliegenden Holländer, der dazu verdammt ist, mit seinem Geisterschiff über die Weltmeere zu segeln. Elsa muss sich Lohengrin hingeben, ohne seinen Namen zu kennen. Sie stirbt, als sie das Gebot bricht.

Für den absoluten Gott-Künstler Wagner und seine Kunstreligion ist die Frau nur dienendes Werkzeug; das Schicksal dieser Frauen interessiert ihn nicht wirklich. So fehlt den Gebeten der Frauen in Wagners Opern auch musikalisch jene innere Bewegtheit, wie sie sich zum Beispiel in Verdis *Othello* findet.

„Hast du zur Nacht gebetet, Desdemona?" Diese Frage Othellos ist zum geflügelten Wort geworden. Weniger bekannt ist die Gebetsszene selbst, die vielleicht ergreifendste der Operngeschichte überhaupt. Die Szene spielt nach jenem Anfall rasender Eifersucht, bei dem Othello seine Frau, die ihn beruhigen will, verflucht und dann selbst ohnmächtig zusammenbricht. Szenenwechsel. Wir befinden uns im Schlafgemach Desdemonas mit Bett, Betstuhl, Tisch, Spiegel und Sessel. Vor dem Madonnenbild brennt eine Lampe. Es ist Nacht. Desdemona wird von ihrer Zofe Emilia zur Ruhe vorbereitet. Die Frauen hoffen, dass Othellos Zorn sich gelegt hat.

Als Emilia gegangen ist, kniet Desdemona im Betstuhl nieder und beginnt zur Heiligen Jungfrau zu beten. Zunächst in den einförmig gesprochenen Sätzen der Litanei, „Ave Maria piena di grazia, eletta fra le spose e le vergine sei tu", dann aber, ab dem Wort „Jesu", zu einer innigen Melodie. Sie bittet die Jungfrau, für alle einzutreten, für Ferne und Fromme,

Sünder und Unschuldige, Besitzende und Arme. Dann verlangsamt sich die musikalische Bewegung, steht fast still, als sie singt: „Bitte für uns heute und in der Stunde unseres Todes." Nach einem drei Mal sich aufschwingenden „Bitte für uns" schweigt die Stimme für einen Augenblick. Noch einmal ruft sie „Ave Maria" und alles Beten zusammenfassend „und in der Stunde unseres Todes" in tieferer Lage, mit einem unheilvollen Motiv im Orchester. Aber dann ein allerletztes, sich zu den Sternen aufschwingendes Ave, das in höchsten Streicherklängen langsam erstirbt.

Dieses Ave Maria der zum Tode verurteilten Desdemona ist das Gebet aller Gebete. Die lange Geschichte katholischer Marienfrömmigkeit verdichtet Verdi in diesem Liedgebet zum Inbegriff des Ave Maria. Alle Schmerzen, Seufzer und Hoffnungen scheinen in ihm aufbewahrt. Die christliche Religion, wegen ihrer Vertröstungsfunktion oft kritisiert, gewinnt auf der Bühne des schönen Scheins eine Überzeugungskraft zurück, die sie im wirklichen Leben für viele verloren hat. Die Katastrophe ist dennoch nicht aufzuhalten. Desdemona betet zwar zur Heiligen Jungfrau, aber dem vor Eifersucht wahnsinnigen Othello ist sie schutzlos preisgegeben. Othello erwürgt sie. Er ist einem Komplott aufgesessen. Als er das erkennt, sinkt Othello neben der Leiche nieder, preist die Schönheit der Unschuldigen und drückt ihr sterbend einen letzten Kuss auf die Lippen, während das wunderschöne Liebesmotiv noch einmal erklingt.

Das bürgerliche Operndrama kann sich eine Lösung der Konflikte nur über das Opfer vorstellen; die prädestinierten Opfer in einer von Männern beherrschten Gesellschaft aber sind die Frauen. Das Gebet bereitet die Frauen auf diesen letzten Schritt vor. Zwar enthält es auch Aufbegehren, doch stärker ist die Aussöhnung mit dem scheinbar unabänderlichen Schicksal. Also auf eine These gebracht: Im Opfer der Frau stellt das Operndrama Erlösung dar, im Gebet gibt es ihm seine religiöse Weihe, hält aber auch die Frage nach dem Sinn wach. Die musikalische Verklärung des Sterbens kann uns zu Tränen rühren, ist aber kein Vorschein von Versöhnung wie bei Mozart. Heutige Operinszenierungen stellen diese Opferhaltung infrage. Die Frauen werden in ihrer Stärke gezeigt. Brutale Männergewalt wird angeklagt. Die Oper ist aus. Die Besucher treten hinaus in die nächtlich kalte Stadt und schlagen den Mantelkragen hoch. Die Musik klingt noch in ihnen nach. Sie sagt wie alle große Kunst und wie das Evangelium: Es muss sich etwas ändern, bei uns und in der Welt.

e. Melancholie als machtvolles Gefühl in der Renaissance und als Untergangsgefühl in der Postmoderne

In dem schönen Altonaer Dahlienpark sitzend las ich als 20-jähriger nach einer schmerzlichen Liebesenttäuschung im Frühherbst Gedichte von Gottfried Benn. „Astern – schwälende Tage, / alte Beschwörung, Bann, / die Götter halten die Waage / eine zögernde Stunde an" (Benn, 174).

Damals wusste ich noch nichts von den berühmten Gemälden mit dem Sinnspruch, dass auch in Arkadien, also in der sprichwörtlich schönsten Landschaft Griechenlands, der Tod gegenwärtig ist. „Et in Arcadia ego" steht auf dem Grabmal, das auf den Gemälden von Guercino und Poussin eine Gruppe von Hirten betroffen betrachtet. „Selbst in Arkadien habe ich, der Tod, Gewalt." Dies Memento mori, gedenke des Todes, war im Altonaer Volkspark unmittelbar nicht zu finden. Aber nebenan. Denn der Altonaer Hauptfriedhof schloss sich direkt an den Park an. Hier war ich 15-Jähriger an einem kalten Januartag dem Sarg meiner früh verstorbenen Mutter gefolgt. Hier saß ich oft auf dem Bänkchen neben ihrem Grabstein, lange Zeit untröstlich. Aber allmählich wandelte sich die Trauer in ein elegisches Empfinden, in ein eher kontemplatives Versunkensein in den Gedanken der Sterblichkeit. Die herbstliche Pracht der Dahlien kurz vor dem Verblühen, die toten Eltern, das Vergehen einer Liebe. Und die im Gedicht eingefangene Stimmung dieses Übergangs. Der Park mit seiner Blumenpracht, volksnah und gratis, machte es mir Empfindsamem möglich, auf angenehme Weise traurig zu sein und sich doch des Lebens zu freuen. Fast bin ich versucht zu sagen, das melancholische Sprachspiel der Dichtung hat mich damals gerettet und dem Leben zurückgegeben, aber die Melancholie hat mich seitdem nicht mehr verlassen.

Nach dem üblichen Verständnis würde man Melancholie als Gefühl bezeichnen, das inaktiv und traurig macht, also zur Distanz vom Weltgeschehen führt. Traurigkeit, lateinisch acedia, galt in der mittelalterlichen Theologie als Todsünde. Der von Traurigkeit bestimmte Mensch würdigt die Welt nicht als erlöste und ist insofern von Gott entfremdet.

Sie herrscht vor in Boccaccios *Decamerone*, das während einer Pestepidemie spielt. Gott ist verborgen, die Liebe zum Gemeinwesen verkümmert. Die Pest lässt das Gefühl einer von Gott bestimmten guten

Ordnung untergehen. Angst vor Ansteckung macht sich breit, Trübsal, Trägheit und Faulheit dominieren. Das Gemeingut, das in einer Teilhabe an Gott beruht, geht in der Seuche verloren. Es bleibt nur die Flucht aufs Land und in eine selbst geschaffene Gegengesellschaft, in der man sich mit Geschichten unterhält, der Schwermut widersteht und sich so einen letztlich utopischen Sinnrest bewahrt. „Im menschlichen Wesen liegt es, Mitleid mit den Unglücklichen zu haben", lautet der erste Satz des *Decamerone* (Boccaccio, 3). Die Erzählungen von einst sollen vor allem die Schwermut der Frauen, ihren melancholischen Liebeskummer lindern. Letztlich ist das Mitgefühl der Erzählenden aber völlig selbstbezogen. Das Schicksal der Menschen in der Stadt interessiert sie nicht mehr.

Zum Vergleich: Lars von Triers Film *Melancholia* nimmt dieses Thema Boccaccios in gewisser Weise auf. Durch den drohenden Zusammenprall des Planeten Melancholia mit der Erde werden die menschlichen Beziehungen dramatisch verändert. Lars von Trier zeigt das zunächst am Misslingen eines Hochzeitsfestes. Die Brautleute kommen zu spät zur Hochzeit, die Brauteltern führen offen einen Ehekrieg, die Braut Justine wird immer depressiver, gibt sich einem fremden Mann hin und verliert ihren Job.

Im zweiten Teil des Films besucht Justine ihre tatkräftige Schwester Claire. Zunächst scheint die Katastrophe abgewendet, der Planet fliegt an der Erde vorbei. Inzwischen wird aber Claire zunehmend von ihrer Angst überwältigt, während Justine an Selbstsicherheit gewinnt, sie sonnt sich nackt im Garten. Claires Mann, ein Hobbyastronom, berechnet die Umlaufbahn neu und nimmt sich, als der Zusammenstoß evident scheint, mit Tabletten das Leben. Justine beruhigt Claire und ihren Sohn Leo, indem sie eine improvisierte magische Hütte baut, die sie im Angesicht des Untergangs beschützen soll. Die letzte Einstellung zeigt, wie die drei sich eng umklammernd das Aufprallen von Melancholia auf der Erde erwarten. Wummernd und größer werdend, bis er den ganzen Himmel und im Kino die ganze Leinwand einnimmt – Erlösung als Untergang. In gewisser Weise eine Parodie des biblischen Satzes: „Erhebet eure Häupter, wenn eure Erlösung naht."
Eröffnet hatte Lars von Trier den Film mit einer Folge von atemberaubend schaurig-schönen apokalyptischen Bildern zur Musik von Wagners Tristan-Vorspiel – ein Himmel mit zwei Sonnen, ein fliehendes Pferd in Zeitlupe, eine an Wollfäden gefesselte, immer wieder versinkende Justine.

Eine filmische Angstvision von großer Wirkung. Sicher wird Dürers berühmter Kupferstich *Melencholia I* auch für von Triers Film Pate gestanden haben, avancierte doch der Melancholie-Stich im 20. Jahrhundert zum „Bild der Bilder" (Peter-Klaus Schuster). Die Literatur über diese Grafik, kleiner als ein DIN-A4-Bogen, ist kaum zu überblicken. Es ist dies inzwischen auch eine Überinterpretation. Die große Dürer-Ausstellung in der Albertina, Wien, von 2003 resümiert nach einer schlichten Bildbeschreibung, die mit dem Blick auf das Ensemble Waage, Sanduhr, Glocke mit Zugseil und magisches Quadrat mit dem Sterbedatum der Mutter endet: „Den Stich könnte man auch Gedenkblatt auf den Tod der Mutter nennen. Der Bericht des Sohnes über ihr Sterben zählt zu den eindringlichsten privaten Prosatexten. Dürer verarbeitete den Verlust, indem er sich die folgenden Monate in Arbeit stürzt … In der sitzenden Gestalt hat man zu Recht ein inneres Selbstbildnis des Künstlers erkannt. Der in die Hand gestützte Kopf ist seit dem Altertum ein geläufiger Topos für Trauer und Schwermut. Der Blätterkranz um das Haupt vereint Schmerz – auch Kopfschmerz-lindernde Heilpflanzen, litt der Künstler doch nach dem Zeugnis Philipp Melanchthons an der ‚melancholia … Dureri genorissima', der göttlichen Schwermut." (Katalog Albertina, 422)

In Marsilio Ficinos Interpretation gilt Melancholie als Ausweis von Genialität und Schöpfertum. Dürer übertrug die neue positive Einschätzung des melancholischen Temperaments auf sich und sein Schaffen. Zugleich aber blieben auch in Dürers Selbsteinschätzung die krankhaften Folgen der Melancholie – Traurigkeit, Appetitlosigkeit, Schlafstörungen, Unruhe, Angst – erhalten, wie sein kleines Selbstbildnis als Melancholiker zeigt. Hier deutet der nackte Dürer mit dem Finger auf die eingekreiste Milz, die ja nach dem alten Körperbild als Sitz der Melancholie galt, und schreibt dazu: „Do der gelb fleck ist vunnd mit dem / finger drawff dewt do is mir we" (Katalog Albertina, 232 f.). Fast wie ein Christus, der auf seine Seitenwunde zeigt, trägt Dürer in diesem Selbstbildnis sein von Gott gesandtes Leiden nicht ohne Stolz.

Eine andere Interpretation der *Melencholia I* versucht Jan Söffner. Der gelangweilte Blick der sitzenden, den Kopf auf den linken Arm stützenden Melancholie trifft auf Objekte, die scheinbar ihren Sinn verloren haben. Was hat es mit einer Säge, einem Hobel und Nägeln auf sich, ohne dass es einen Gegenstand gibt, den man damit bearbeiten könnte? Was soll eine nur auf halber Höhe des Hauses angestellte Leiter? Wozu der unten gehaltene Zirkel in der rechten Hand der Melancholie? Wozu die strahlende Sonne, wenn das Zentrum des Bildes im Schatten liegt? Ist der Regenbogen noch ein Zeichen der Anwesenheit Gottes? Oder bloß Dekor? Was besagt der Putto? (Söffner, 334 ff.)

Die brachliegenden Gegenstände, den Freien Künsten und dem Handwerk zugeordnet, haben als Instrumente der Weltgestaltung scheinbar ihren Sinn verloren. Die Ansammlung von Objekten bietet keinen evidenten Zusammenhang mehr. Die Allegorie steht an der Grenze von Weltteilhabe und Welt-Lesbarkeit, verweist auf den Rückzug ins Innerliche.

Dem melancholischen Menschen, umgeben von Attributen der materiellen und geistigen Weltgestaltung, verschwimmt die Welt, sie wird opak und widersetzt sich der Deutung, die ihm gleichwohl aufgegeben ist. Es deutet sich hier bereits eine „Entzauberung der Welt" (Max Weber) an.

f. Christliche Melancholie ist dialogisch

Darf der Christ melancholisch sein? Darf er den starr-gelangweilten Blick von Dürers Allegorie haben? Ich erinnere daran, dass Dürers *Hiob im Elend* ähnlich dasitzt wie die Melancholia, allerdings auf einem Misthaufen. Und natürlich hat der Dürersche *Schmerzensmann* etwas von dieser Melancholie. Er schaut uns traurig an, gewissermaßen mit der Frage: Warum tut ihr mir das an? Aber anders als die *Melencholia I* will er mit dem Betrachter in einen Dialog eintreten. Es ist, als wolle Jesus mit diesem Blick sagen: Seht her, was ich für euch erdulde. Nicht im Ton eines Vorwurfs sagt das dieser Blick. Sondern: So seid ihr Menschen, das macht ihr mit einem anderen Menschen. Eure Missetaten und Grausamkeiten muss ich ertragen. Ich tue es, aber schaut mich an, geht in euch, wenn ihr mich seht. Vielleicht ist dies der eigentliche Sinn des schwierigen Gedankens vom stellvertretenden Leiden Jesu. Er will, dass wir in eine Zwiesprache mit Gott und mit den Abgründen unseres Menschseins kommen. Es geht nicht um ein neurotisches Schuldbewusstsein, sondern um eine Selbstbefragung. Der leidende Christus schaut uns an und bringt uns ins Gespräch – mit ihm, mit Gott und mit mir selbst. Nicht, weil ich so sündig bin im moralischen Sinn oder weil ich ein schlechter Mensch bin, sondern weil ich als Mensch, als Repräsentant der Menschheit, zu solchen

Handlungen fähig bin. Deswegen dreht auf vielen mittelalterlichen Bildern der das Kreuz tragende Christus den Kopf zum Betrachter hin, sieht aus dem Bild heraus ihn unmittelbar an. Seine Melancholie ist kommunikativ. Ja, man sollte seine Traurigkeit mit anderen teilen, das heißt kommunizieren. Sich nicht schämen, dass man auch mal traurig ist angesichts des Zustands der Welt, des Alterns der Utopien, des eigenen Alterns. Und dann kann man auch zusammen lachen. Es wird berichtet, dass Kafka lachen musste, wenn er Freunden seine ausweglosen Parabeln vortrug – etwa die vom Türhüter, der dem sterbenden Mann vom Land den Bescheid gibt: Diese Tür war nur für dich bestimmt.

g. Die Melancholie des Alters
Von Simeon zu Philip Roths *Jedermann*

„Und siehe, ein Mann lebte in Jerusalem mit Namen Simeon; und dieser war gerecht und gottesfürchtig und wartete auf den Trost Israels …" Lukas erzählt die schöne Legende vom alten Simeon, der die Offenbarung erhält, er solle nicht sterben, ohne den verheißenen Messias Israels gesehen zu haben. Vom Geist getrieben geht er in den Tempel in dem Augenblick, als Maria und Joseph kommen, um das Jesuskind mit dem vorgeschriebenen Opfer dem Herrn darzustellen. „Da nahm er das Kind auf seine Arme, lobte Gott und sprach: Herr, nun lässest du deinen Diener in Frieden sterben, wie du gesagt hast, denn meine Augen haben deinen Heiland gesehen, den du vor allen Völkern bereitet hast, ein Licht zur Erleuchtung der Heiden und zur Ehre deines Volkes Israel" (Lk 2,25 ff.). Die Christenheit hat diesen Lobgesang des Simeon, der eine jüdisch-christliche Versöhnungsszene in nuce ist, in ihr Nachtgebet aufgenommen. Ein alter Jude freut sich darüber, dass der aus dem Volk Israel kommende Messias zum Heiland aller Völker werden kann. Jetzt kann er in Frieden sterben. Der allgemein menschliche Wunsch alter Menschen, Kinder und Enkel gesegnet zu sehen – gleich darauf erzählt Lukas von der alten Prophetin Hanna –, verbindet sich mit der religiösen Hoffnung auf den Messias, der zum universalen Heilsbringer wird. Das kleine Rembrandt-Gemälde *Simeon im Tempel*, das in der Hamburger Kunsthalle hängt, zeigt die Szene im Tempel als eines der ersten im farbigen Hell-Dunkel gemalten Bilder – der sitzende Simeon, der den vom einfallenden Licht erleuchteten Jesus im linken Arm hält und sich mit der Rechten Maria zuwendet, und die über beiden mit ekstatisch-prophetischer Gebärde aufrecht vor einer Säule stehende Hanna: ein Moment familiär-religiösen Altersglücks.

Auf einer abendlichen Zugfahrt von Hamburg nach Köln greife ich zu Philip Roths *Jedermann*. Im Halbdunkel des Abteils lese ich einen Roman, der die Fahrt ins Dunkel, das Leben und Sterben eines Durchschnittsmenschen im Amerika von heute schildert. Wie oft bei Roth die Geschichte eines jüdischen Jungen aus kleinen Verhältnissen, der es zum angesehenen Mitglied der Mittelklasse bringt. Auch eine Erzählung über gescheiterte Ehen und sexuelle Erlebnisse, aber nicht so dominant wie sonst bei Roth. Hier ist das Thema die Sterblichkeit, der Kampf gegen den Tod, das endgültige Verlöschen. Aber eigentlich ist es eine Krankengeschichte, eine Anamnese des *Jedermann*, eine Geschichte des Seins zum Tode unter den Bedingungen der modernen Medizin, die lebensverlängernd wirkt. Von der ersten Konfrontation des Jungen mit dem Tod am Strand des Atlantik und dem ersten Krankenhausaufenthalt wegen eines Leistenbruchs über einen Blinddarmdurchbruch und eine schwere Bypass-Operation bis zur letzten Operation, aus der nicht mehr erwacht. Ein paarmal springt der Held dem Tod im letzten Moment von der Schippe. Das Besondere der Romanhandlung ist, dass der Einbruch lebensgefährlicher Erkrankungen zunimmt. Sieben Operationen in sieben Jahren. Es ist diese Kontingenz, die *Jedermann* zu einem modernen kardiologischen Hiob macht. Er sinnt darüber nach, warum es gerade ihm passiert und nicht seinem älteren Bruder Howard, der vor Gesundheit strotzt. Er hat aber keine Instanz mehr, an die er sich wenden kann. Religion war eine Lüge. „Mit Hokuspokus über Tod und Gott und obsoleten Himmelsfantasien hatte er nichts zu schaffen." Hiob kann mit seinem Gott ins Gericht gehen, immer wieder fragen, warum es ihm, dem Gerechten, geschieht. *Jedermann* kann es nicht mehr; Gott, das Wort des Anrufs, ist ihm abhanden gekommen. Auch plagt ihn das Schuldbewusstsein wegen seiner drei gescheiterten Ehen. Er ist auch kein Gerechter. Von der jüdischen Religion hält er nichts mehr und auf eine andere ist er nicht gestoßen. Aber er denkt intensiv über den Sinn des Lebens nach, über den Tod und die Sterblichkeit. „Ein Gefühl des Andersseins hatte ihn ergriffen … Mein Gott, dachte er, der Mann, der ich einmal war. Das Leben, das um mich war! Die Kraft, die ich besessen habe." Er trifft harte Urteile. „Das Alter ist ein Massaker." Der Tod ist ungerecht. Nach Kübler-Ross wäre das in der Phase des Protests anzusiedeln. Er kann sich nicht aussöhnen mit seiner Sterblichkeit. Aber schließlich kommt er doch dahin.

Auf dem Friedhof, am Grab der Eltern denkt er nach: „Das Fleisch schmilzt dahin, aber die Knochen bleiben. Die Knochen waren der einzige Trost für einen, der nicht an ein Leben nach dem Tod glaubte und ohne jeden Zweifel wusste, dass Gott eine Erfindung war und dieses eine Leben das einzige, das er haben würde." Diese Botschaft der Knochen enthält jedoch einen jüdischen Glaubensrest, die verwegene Hoffnung der Vision von Ezechiel 37, dass sich diese wieder mit Fleisch und Sehnen umgeben, lebendig werden und gehen – die erste Auferstehungsvision. Der säkularisierte jüdische *Jedermann* weiß das nicht mehr. Er schaut den Totengräbern zu und freut sich über ihre solide Arbeit.

Er verlässt den Friedhof mit einem Gefühl der Ausgesöhntseins. Dann lässt der Autor seinen *Jedermann* hinübergehen. Der Leser war schon auf seiner Beerdigung ganz zu Anfang der Erzählung dabei. Er hat die Reden über ihn gehört. Ja, denkt er, so ähnlich wird es dir auch ergehen. Wirst du getroster sterben? Im Bewusstsein bloß des Knochenrests? Des intellektuellen Nachlasses? „Es kann die Spur von meinen Erdentagen nicht in Äonen untergehn" (Goethe). Oder wird da mehr sein – ein Licht am Ende des Tunnels? Eine Gestalt wie der leidende Christus – „so reiß mich aus den Ängsten dank deiner Angst und Pein"? Der moderne *Jedermann* aus den USA hat diese Hoffnung nicht, nur den Trost der Knochen.

h. Im Alter etwas nachholen

Brechts unwürdige Greisin und die Seniorenkreuzfahrt

Zu den schönsten Geschichten, die Bertolt Brecht erzählt hat, gehört die von der unwürdigen Greisin. Es ist die Geschichte seiner Großmutter, die den Haushalt besorgt, für ihren Mann und die Angestellten gekocht und fünf Kinder großgezogen hatte. Nun nach dem Tod ihres Mannes lebt sie nicht, wie die Kinder es erwarteten, bescheiden und zurückgezogen als Witwe. Im Gegenteil, sie geht ins Kino, sie isst im Wirtshaus, freundet sich mit einem Flickschuster und dem Küchenmädchen des Gasthofs, einer halb Schwachinnigen, an. Sie organisiert einen Ausflug für ihre Freunde mit einer kostspielig großen Kutsche, trinkt regelmäßig ihr Gläschen Rotwein. Sie finanziert das alles mittels einer Hypothek, die sie auf ihr Haus aufgenommen hat. Die Kinder sind empört, können sie aber nicht von diesem neuen Lebenswandel, der keineswegs verschwenderisch ist, abbringen. Der Tod kommt unvermittelt, als sie wie üblich auf ihrem Holzstuhl am Fenster sitzt. Das Mädchen ist bei ihr. Brecht resümiert: „Genau betrachtet lebte sie hintereinander zwei Leben. Das erste, als Tochter, als Frau und Mutter und das zweite einfach als Frau B., eine alleinstehende Person und mit bescheidenen, aber ausreichenden Mitteln. Das erste dauerte etwa sechs Jahrzehnte, das zweite nicht mehr als zwei Jahre … Sie hatte die langen Jahre der Knechtschaft und die kurzen Jahre der Freiheit ausgekostet und das Brot des Lebens aufgezehrt bis auf die letzten Brosamen." (Brecht, 1967, 320)

Brechts Großmutter muss vor ca. 100 Jahren gestorben sein, als die Mehrheit der älteren Leute in der Regel bescheiden bei den Kindern lebte oder früh starb. Heute mit der gestiegenen Lebenserwartung und angesichts höherer Renten (jedenfalls für einen Teil der Bevölkerung) ist das unwürdige Verhalten der Greisin eher der Normalfall. In meiner Tätigkeit als Bordseelsorger habe ich auf Kreuzfahrtschiffen viele „unwürdige Greisinnen" kennengelernt. Doch keiner machte ihnen einen Vorwurf wegen ihrer Luxusreisen. Die Kreuzfahrtbranche boomt.

Man legt in den Häfen von Städten an, deren Namen verheißungsvoll klingen, Orte voller Schönheit und mediterranen Zaubers, randvoll mit Geschichte. Venedig, Dubrovnik, Korfu, Heraklion, Alexandria, Tunis, Marrakesch, Gibraltar, Sevilla, Malaga, Palma di Mallorca, Barcelona, Nizza u.a. Mir wurde von zwei älteren Damen berichtet, die ihre Wohnungen aufgegeben haben und nur noch mit dem Schiff umherreisen. Die Kreuzfahrt für Ältere ist eine Inszenierung des Abschieds auf dem Niveau konventioneller Kurztouristik. Nicht wird man dabei erleben können, was Walter Benjamin als Erfahrung von St.Gimigniano beschrieb: „Kommt man von fern, so ist die Stadt plötzlich so unhörbar wie durch eine Tür in die Landschaft getreten. Sie sieht nicht aus, als sollte man ihr je näherkommen. Ist es aber gelungen, so fällt man in ihren Schoß und kann vor Kindergeschrei und Grillengesumm nicht zu sich finden … Überall wo man stehen kann, kann man auch sitzen. Nicht Kinder allein, sondern alle Frauen haben ihren Platz auf der Schwelle, ganz körpernah am Grund und Boden, seinen Sitten und vielleicht seinen Göttern." (Walter Benjamin, 145)

Den Blick von der Stadtmauer in die Landschaft, die Versammlung der Frauen abends am Brunnen – diese Erfahrungen wird man nicht mehr machen können, wenn man als Kreuzfahrttourist mit dem Bus in eine Stadt gekarrt wird und drei Stunden Zeit hat für die Sehenswürdigkeiten. Aber man ist dort gewesen, wenigstens einmal oder vielleicht zum zweiten und letzten Mal.

Solange ältere Menschen das noch können, reisen sie, Kunstreisen sind besonders beliebt. Sie besichtigen Städte, bilden sich fort, belegen Kurse an der VHS und an der Uni. Nicht wenige engagieren sich zugleich in zivilgesellschaftlichen Projekten. Sie lesen im Kindergarten vor, führen Sprachkurse für Migranten durch, begleiten bei Behördengängen. Der bekannte Psychiater Klaus Dörner wollte die Senioren sogar verpflichten, sich in Bürgerinitiativen zu engagieren, etwa in der Betreuung von psychisch Kranken in gemeindepsychiatrischen Einrichtungen. Also ein Social Peace Corps (sozialer Friedensdienst für ältere Menschen), fast eine Dienstverpflichtung für Senioren. Das geht natürlich nicht, es muss freiwillig bleiben.

Im Übrigen kommt für immer mehr Ältere die Zeit des Hochbetagtseins, das Dahindämmern in Pflegeheimen, wo die kulturelle Teilhabe fast nicht mehr stattfindet, in denen sie oft allein gelassen sind. Jesu Nennung barmherziger Werke in Mt 25,31 ff. müsste um das Werk „Ich bin einsam gewesen und ihr habt mich besucht" erweitert werden. Viele Ältere scheinen nicht mehr richtig am Leben teilzuhaben.

Zu schweigen von denen, die früh dement werden und ihre Kinder und Verwandten oft nicht mehr erkennen. Arno Geiger hat in seinem vielgelesenen Buch *Der alte König in seinem Exil* die Demenzerkrankung seines Vaters beschrieben, voller Anteilnahme und Zärtlichkeit für den einst so starken Vater, der von sich sagt: „Ich bin nichts mehr. Ja, ja, es war einmal, meine Anfänge, die sind kraftvoll gewesen. Aber jetzt bin ich alt" (Geiger, 114). Das klingt fast wie ein alttestamentlicher Klagepsalm. Anders geht Tilman Jens vor, der seinen berühmten Vater wegen seiner verschwiegenen NS-Mitgliedschaft anklagt, dessen Demenz ursächlich damit in Zusammenhang bringt und so den Vater schriftstellerisch ausbeutet.

Julianne Moore spielt im Film *Still Alice* eine Professorin, die an Alzheimer erkrankt, es merkt, dagegen ankämpft, unterliegt. Sie erhielt dafür 2015 den Oscar. Es gibt Beispiele von Prominenten, die bei den ersten Anzeichen von Demenz den Freitod wählen. Da rauscht es dann gewaltig im Blätterwald. Die Diskussion um Sterbehilfe schwillt an. Doch es gibt Belege dafür, dass von Dementen sehr viel mehr wahrgenommen wird, als wir annehmen. Deswegen sind Gottesdienste mit dementen Senioren eine wichtige Form der Teilhabe am Leben. Gerade im Singen der alten Lieder haben sie Momente von Klarheit.

i. Im Alter einen Film wieder sehen, eine Sinfonie wieder hören und noch immer überwältigt sein

Kürzlich stieß ich beim Zappen im Fernsehen bei Arte auf Fellinis *La Strada* von 1954 mit Guilietta Masina und Anthony Quinn. Ich war sofort gefangen von diesem wunderbaren Film, wie beim ersten Sehen vor langer Zeit. Denn in der Liebe des naiven Mädchens Gelsomina zu dem sie ausbeutenden Zampano leuchtet die Gnade auf, in der sie sich befindet, ohne es zu wissen. Selten ist im Kino der Glaube daran, dass auch das unscheinbarste Leben einen Sinn hat, so überzeugend realisiert worden. Man weint im untrüglichen Gefühl dafür, dass man nur so zu sein braucht, wie Gelsomina es in jenem Moment ist, als sie dem Seiltänzer lauscht und sich ihr Gesichtsausdruck verlegen aufhellt, als er ihr sagt, Zampano liebt dich vielleicht. Jene merkwürdige Welt aus Bretterzäunen, Neubaugerippen, Niemandsland und Heideflächen, die mitlaufenden Kinder, die Darbietungen auf Marktplätzen, das ist sowohl das Italien der 50er-Jahre wie die Seelenlandschaft der Protagonisten, die auf ihrem vorsintflutlichen Motorradgefährt über die Landstraßen ziehen, ein Bild für die Unbehaustheit des Menschen. Jene arme Nachkriegswelt mit ihren kleinen Glücksmomenten, den franziskanischen Einsprengseln von Demut und Liebe, und dann der herzzerreißende Schluss, als sich Zampano, nachdem er von Gelsominas Tod erfahren hat, betrinkt und weinend am Meeresstrand zu Boden wirft. Das vermag nur das Kino, jenes Medium, das Epiphanien inszenieren kann wie kein anderes, ohne in Illusionismus abdriften zu müssen, wenn es großes Kino ist. Arte povera, die das Eis der Seele spaltet.

„Ins Kino gegangen, geweint" (Kafka). In der Predigt können wir Theologen dem nur nacherzählend hinterherhinken, und wenn es uns sprachlich gelingt, bestenfalls etwas aufleuchten lassen von diesen Gleichniserzählungen der Moderne – etwa den Schluss von Chaplins *Lichter der Großstadt,* als der Tramp von der Blumenverkäuferin als uneigennütziger Helfer erkannt wird. Die schönste Erkennungsszene, die ich kenne. Das aufklarende Lächeln der Gelsomina im Gespräch mit Matto in Fellinis *La Strada* gehört auch dazu. Welch ein Glück, ja welch eine Gnade, das nach so vielen Jahren wiedersehen und intensiv empfinden zu können.

In Sinfonie- und Kammerkonzerten überwiegt das ältere Publikum, ein Silbermeer der Haare ist zu sehen. Philip Roth beschreibt in seinem Roman *Der menschliche Makel,* wie der Protagonist ein Konzert in der Nähe Bostons besucht. Lauter alte Leute. Er stellt sich für einen Moment vor, wie viele von ihnen nächstes Jahr auf dem Friedhof liegen werden. Nüchtern betrachtet wird es so sein. Der Zynismus ist nicht unberechtigt.

Gleichzeitig passiert aber noch etwas anderes in den Konzerten, in denen das Publikum mehrheitlich zu den Alten gehört. Im konzentrierten Hören einer Sinfonie – etwa wenn man dem stockenden Beginn von Schuberts 8. Sinfonie in h-moll lauscht, aus dem sich dann das Thema entwickelt, oder wenn man mit dem aufblühenden Gesang des Hauptthemas der 7. Sinfonie von Bruckner mitgeht – wird etwas ausgelöst, was ich biographisches, lebensgeschichtliches Hören nennen möchte. Es sind Schuberts, Bruckners oder Mahlers Melodien, die sich aufschwingen, abbrechen, wieder entfalten, die versuchen, den Immanenzzusammenhang zu durchbrechen, und die den Hörer in ihre musikalische Bewegung hineinziehen. Es ist, als durchziehe den Konzertsaal ein Fluidum von Lebensstoff, bestehend aus den Gedanken der Zuhörer, die sich ausgelöst durch die Musik fast materialisieren. Jedenfalls habe ich das häufiger so erlebt – den Konzertsaal gefüllt von Lebensstoff. Man denkt zurück an die Situation, als man diese Sinfonie zum ersten Mal hörte, fragt sich, mit wem und wo das war, sinniert darüber, wo diese Musik vielleicht einen glücklichen Moment des Lebens begleitet hat, wann sie in einer schwierigen Situation des eigenen Lebens eine Rolle spielte. Man erinnert sich an Konzerte, die besonders gelungen waren, an ein paar verzögerte Takte, an aufblühende Nebenstimmen, an die Kantilene der Holzbläser, an die Atmosphäre eines

Saals, das Parfum der Begleiterin. Die in der Zeit vergehende Musik macht einem die eigene vergangene Lebenszeit bewusst und füllt sie zugleich mit melancholisch-flüchtiger Erinnerung an die musikalisch erfüllte Zeit.

„Kein Musik ist ja nicht auf Erden, die unsrer verglichen kann werden", singt die Sopran-Stimme im letzten Satz von Mahlers 4. Sinfonie im Wunderhorn-Lied vom himmlischen Leben. „Die himmlischen Stimmen ermuntern die Sinnen, dass alles für Freuden erwacht." Der Schluss wird in träumerischer Vergessenheit im Pianissimo gesungen mit dem glockenartigen Nachklang des tiefen E in Harfe und Kontrabass. Es wäre schön, wenn Sterben so wäre. Und noch schöner, wenn das Erwachen sich so vollzöge wie im Wunderhornlied.

3. Zorn, Hass, Rache, Vergeltung

Das Kind ist zornig. Es will nicht essen. Es schreit, trommelt mit den Fäusten auf dem Tisch, spuckt sein Essen aus, schiebt den Teller weg. Die Eltern versuchen es gütlich, ohne Erfolg. Bleibt nur die Strafe. Früher eine Backpfeife, gewaltsames Füttern, ab ins Bett, Stubenarrest. Heute wiederholtes Bemühen, Vorwürfe: „Trotzköpfchen", „kleiner Wüterich"; Liebesentzug. Nachschlagen im Erziehungsratgeber.

Sehr schön stellt das beliebte Kinderbuch von Maurice Sendak *Wo die wilden Kerle wohnen* kindliche Bockigkeit dar. Im Umgang mit den Fantasiefiguren der wilden Kerle kann das auf sein Zimmer geschickte Kind seine Wut ausleben und zugleich zivilisieren. Schließlich bekommt es dank einer gütigen Mutter doch sein Abendessen.

Der Zorn gehört zur menschlichen Grundausstattung. In der griechischen Antike wird er gefeiert, im alten Israel kommt er häufig vor, nach katholischer Lehre aber gehört er zu den sieben Todsünden. In der Bibel wird vor dem Zorn gewarnt, Jesus aber wird auch als zornig geschildert. Rachegedanken werden in biblischen Psalmgebeten geäußert, sogar zum Hass wird aufgerufen. In Zorn und Wut begehen bis dahin friedliche Menschen tödliche Verbrechen. Ein widersprüchliches Bild.

a. „Singe, Göttin, die Wut"
Der Zorn des Achill

Eine Urszene der abendländischen Kultur ist der Zorn des Achill, mit dem Homers *Ilias* anhebt: „Singe, Göttin, die Wut des Peleiden Achilleus, / welche verderbend den Griechen so viel Jammer bereitet, / viele starke Seelen der Helden hinab zu den Schatten / sandte. Ihre Körper zur Beute den Hunden zurückließ / und dem Gevögel. So ward der Wille Kronions erfüllt." (Übersetzung Stolberg)

Was für unser Verständnis so anstößig ist an diesen Auftaktzeilen des großen Epos, das ist die lobende Feier des Zorns (gibt *menis* besser wieder als Wut). Um an die Geschichte zu erinnern: Das Heer der Griechen liegt vor Troja, um die Entführung der Helena durch Paris rückgängig zu machen. Doch die Trojaner verweigern die Herausgabe der Helena. Eine von Apoll verhängte Seuche dezimiert die Reihen der Griechen. Vor allem: Der kampfentscheidende Achill hat sich grollend in sein Zelt zurückgezogen, weil der Führer des Griechenheeres, Agamemnon, ihm sein Beutegut, die schöne Sklavin Briseis, weggenommen hat. Ohne Achill macht die Sache der Griechen keine Fortschritte. Nun wird auf dem Kampfplatz sein liebster Freund Patroklos, der übermütig die Rüstung des Achill angezogen hat, von Hektor, dem Königssohn und ersten Helden der Trojaner, getötet. Jetzt kommt Bewegung in den Kampf um Troja. Der Tod des Patroklos weckt den Zorn Achills. Er tötet Hektor im Zweikampf und schändet seinen Leichnam, indem er ihn um die Stadt schleift. Der Einbruch des Zorns in das Leben wird als Tat gefeiert, auch wenn er Unheil und Tod hervorruft und Achill selbst die eigenen Leute in den Hades schickt. Diesen Zorn zu besingen wird die Göttin angerufen. Dieser Zorn erfüllt den Willen des Zeus Kronion. Was nichts anderes heißt, als dass der Krieg, der aus dem Zorn des Helden Achill hervorgeht, überhaupt nicht infrage gestellt wird. Krieg hat den Segen der Götter, Krieg darf, nein, Krieg muss um Gottes willen sein. (Also das totale Gegenteil zum Satz des Ökumenischen Rates der Kirchen von Amsterdam 1948: „Krieg darf nach Gottes Willen nicht sein!")

„Allein weil es einen Zorn gibt, der von oben verliehen wird, ist es legitim, die Götter in die heftigen Affären der Menschen zu involvieren. Wer unter solchen Prämissen den Zorn besingt, feiert eine Kraft, die den Menschen aus der vegetativen Benommenheit befreit und unter einen hohen schaulustigen Himmel stellt", kommentiert der Philosoph Peter Sloterdijk. Die Ilias „erhebt den Zorn in den Rang der Substanz, aus der die (damalige griechische)Welt gefertigt ist" (Sloterdijk, 14). Dieser Zorn des Achill wurde seit der Renaissance der Jugend Europas in den Schulen als Vorbild hingestellt. Nicht der Gewaltverzicht der *Bergpredigt* Jesu, nicht Paulus' Satz: „Rächt euch nicht selbst, sondern gebt Raum dem Zorn Gottes", nicht die Schrift Senecas *De ira* über die Bändigung des Zorns war Leitbild, sondern der Zorn. Im erhabenen Zorn erlebt der Krieger eine Art numinoser Gegenwart. „Durch die Aufwallung redet der Gott des Schlachtfelds zum Kämpfer" (Sloterdijk, 20). Den epischen Personen der älteren griechischen Welt fehlt die reflektierende Innerlichkeit, die vom Gewissen gelenkte Affektkontrolle, so Bruno Snell. Oder wie Sloterdijk es in kompliziert-lustvoller Übersteigerung beschreibt: „Der in Intervallen aufflammende Zorn stellt ein energetisches Supplement der heroischen Psyche dar" (Sloterdijk, 24). Er loderte noch in der Begeisterung, mit der zumindest ein Teil der Jugend Europas auf allen Seiten in den großen Krieg gezogen ist, der später Erster Weltkrieg genannt wurde. Erst nach dem Massenmorden in zwei Weltkriegen hat dieser Zorn seine Attraktivität verloren. Auch die Soldaten der heutigen Berufsarmeen wollen nicht mehr im heiligen Zorn gegen den Feind antreten (und seien sie so böse wie Al Quaida oder jetzt der IS), sondern lassen das Tötungsgeschäft immer mehr von der zerstörerischen Technik der Kampfflugzeuge und der Drohnen erledigen. Sogenannte Kollateralschäden werden dabei in Kauf genommen, man denke an den von dem Bundeswehrobersten Klein befohlenen Einsatz von US-Kampfhubschraubern in Afghanistan, bei dem 170 Zivilisten starben. Heute lässt sich diese thymotische Energie des Achill eher in sportlichen Wettkämpfen entdecken, etwa wenn ein Fußballspieler in einem hin und her wogenden Spiel sich den Ball erobert – wie Philipp Lahm im EM-Halbfinalspiel gegen die Türkei 2008, als er in einer bravourösen Einzelaktion, getrieben vom Zorn über das Unvermögen der Mitspieler, das spielentscheidende Tor schoss.

b. Simsons Zorn

Zwischen Erotik und spielerischer Heldentat

Ich bin in den Kindergottesdienst gegangen vor allem wegen der kleinen Bilder zu biblischen Geschichten, die wir erhielten. Besonders interessierten mich, der schrecklichen Zerstörung des Bombenkriegs soeben entronnen, die Gewaltgeschichten: David und Goliath, Sauls und Davids Kampf gegen die Philister – „Saul hat tausend erschlagen, David zehntausend" –, der Zorn des schwermütigen Saul, der gegen David seinen Speer schleudert, Absaloms Aufstand gegen seinen Vater David. Das Bild von dem Königssohn, der mit seinen langen Haaren in den Zweigen der Eiche hängt und vom Feldhauptmann Joab getötet wird, werde ich nie vergessen. Die hebräische Bibel ist voller Gewaltgeschichten. Und ein wenig vom Zorn Achills kann man auch in alttestamentlichen Helden entdecken – in Simson etwa, der ebenso von erotischen wie thymotischen Leidenschaften im Konflikt mit den in Palästina ansässigen Philistern bewegt wird. Wie die Trojaner mit den Griechen kämpfen die Israeliten mit den Philistern um die Vorherrschaft im Land. Der starke Simson, der durch die Umstände seiner Geburt schon als Mann Gottes ausgezeichnet ist, kann einen Löwen mit bloßen Händen erledigen. Verschiedene gewalttätige Auseinandersetzungen mit den Philistern werden geschildert, bis sich Simson in Delila verliebt und die bekannte (von Saint-Saens vertonte) Geschichte anhebt, wie sie ihm in einer Liebesnacht das Geheimnis seiner übermenschlichen Stärke entlockt – sie liegt in seinen langen Haaren (gemalt u.a. von Rembrandt, in der Berliner Gemäldegalerie, und von Liebermann, im Frankfurter Städel). In dem wunderbar prosaischen Erzählton der Bibel heißt es: „Und sie ließ ihn einschlafen in ihrem Schoß und rief einen, der ihm die sieben Locken abschnitt. Da war seine Kraft von ihm gewichen … Da ergriffen ihn die Philister, stachen ihm die Augen aus, führten ihn hinab nach Gaza und legten ihn in Ketten; und er musste die Mühle drehen im Gefängnis" (Ri 16,19 ff.). Als sie ein Freudenfest feiern aus Anlass des Sieges über ihren starken Feind Simson und er seine Späße vor ihnen treiben muss, betet er: „Herr, denke an mich und gib mir Kraft, Gott, noch dies eine Mal, damit ich mich für meine beiden Augen *einmal* räche an den Philistern." Und bringt so mit seiner thymotischen Energie (Lovis Corinths Gemälde in der Alten Nationalgalerie Berlin zeigt ihn so) das Gebäude zum Einsturz, dreitausend Menschen sterben und es heißt: „So tötete er durch seinen Tod mehr, als er zu seiner Lebzeiten getötet hatte." (Ri 16,30)

Die Simsongeschichte ist eine israelitische Helden-Saga, die auch beginnen könnte wie Mirjams Lied in Exodus 15 über den Untergang der Ägypter: „Lasst uns dem Herrn singen, denn durch Simson, seinen Geweihten, hat er eine große Tat getan. Dreitausend Philister tötete er durch seine große Kraft in Gaza." Das klingt so ähnlich wie die Anfangsverse der *Ilias*. Es sind heroische Geschichten, die aus fast jeder Kultur bekannt sind. Es geht um Rettung in der Notlage eines Einzelnen oder eines Volkes. Und da ist der Schwertgebrauch und die Tötung so selbstverständlich wie das tägliche Brot, handle es sich um Achill, Simson oder den germanischen Helden Siegfried.

Auffällig ist bei Simson die Mischung von erotischer und heroischer Energie. Simson wird schwach in den Armen der Frauen und sie können ihm sein Geheimnis entlocken. „Als Delila mit ihren Worten alle Tage in ihn drang und ihm zusetzte, wurde seine Seele sterbensmatt und er tat ihr sein ganzes Herz auf" (Ri 16,16). Man könnte das als frühe Form männlicher Krisenerfahrung deuten – der Mann, der sich öffnet, gerät in eine Krise, an deren Ende die Erlösung von seinem Abgeschlossensein steht. Sicher eine überzogene Deutung. Und doch nicht ganz falsch. Der starke Simson als schwacher Mann.

c. Der Zorn Gottes
Wesenseigenschaft oder gelegentliche Pädagogik?

Es gibt mehrere klassische Szenen vom Zorn Gottes im Alten Testament. Man könnte die Sintflutgeschichte als erste Erzählung von Gottes Zorn bezeichnen. Es ist allerdings vom Zorn darin nicht die Rede, sondern davon, dass „es Gott reute, dass er die Menschen gemacht hatte auf Erden, und es bekümmerte ihn in seinem Herzen" (1. Mose 6,6 f.). Also, modern gesprochen, mehr Frust als Zorn. Gott beschließt, die Menschheit zu vertilgen, und lässt es 40 Tage und Nächte regnen. Bis auf Noah, seine Familie und je ein Paar der Tiere stirbt alles Leben auf der Erde. Als aber die Wasser sich verlaufen haben und der fromme Noah Gott ein liebliches Opfer darbringt, kommt Gott zur Einsicht, dass diese Vernichtungsaktion falsch war. Gott spricht in einem Akt der Selbstrücknahme: „Ich will hinfort die Erde nicht mehr verfluchen um des Menschen willen, denn das Dichten und Trachten des menschlichen Herzens ist böse von Jugend auf" (1. Mose 8,21 f.). Er gibt der Erde eine Zusicherung: „Solange die Erde steht, soll nicht aufhören Saat und Ernte, Frost und Hitze, Sommer und Winter, Tag und Nacht." Eine schöne Verheißung, dieser Noah-Segen. Gott fällt sich hier gewissermaßen selbst in den Arm, rüstet ab, stellt den Regenbogen als Friedenszeichen an den Himmel. Die mythische Erzählung von der Sintflut, die Israel in Babylon gehört hatte, wird transformiert zur

Bestandsgarantie der Erde. Unter diesem Segen steht auch die sozialistische Welt, die sich explizit von Gott losgesagt hat, wie Christa Wolfs Erzählung *Der geteilte Himmel* aus dem Jahr 1963 zeigt. „Aber die Erde trug sie noch und würde sie tragen, solange es sie gab", heißt es darin über eine Stadt in der DDR, den Noah-Segen zitierend (Wolf, 5).

Die Bestandsgarantie hat ihre schrecklichen Ausnahmen: Dass es weiter sintflutartige Katastrophen geben wird, ausgelöst durch Seebeben (man denke an den Tsunami Ende 2004, dem die unvorstellbare Zahl von 230.000 Menschen zum Opfer fiel, und die Katastrophe von Fukushima 2010) sowie gewaltige Erdbeben (zuletzt in Italien, China und der Türkei), wird die religiös denkende Menschheit auch immer wieder versucht sein, als Ausdruck von Gottes Zorn zu deuten. Sie muss aber schmerzlich lernen, dies als Teil der „Zulassung Gottes" zu begreifen. Theologie wird geologisch aufgeklärt und nimmt vom Strafgedanken Abschied: Die nicht fertige Schöpfung zeigt sich besonders in der tektonischen Verschiebung der Erdplatten, die solche gewaltigen Katastrophen auslösen und die am Meer siedelnden Menschen verschlingen. Vorbeugung, Warnsysteme und effektiver Katastrophenschutz sind neben der Tröstung der Hinterbliebenen die notwendige Konsequenz.

Eine weitere urtümliche Geschichte ist der Zorn Gottes über Sodom und Gomorrha, die sündigen Städte am Toten Meer. Sie sind bis heute das Synonym für eine verderbte Stadt. Hier hat sich wohl eine ferne Erinnerung an eine wirkliche Katastrophe erhalten, bei der ein Erdbeben Gasen den Weg nach oben freigegeben hat, die sich dabei entzündeten, sodass ein Feuer über der Stadt entstand. Interessant ist, dass Jahwe die Klage über die Sünde Sodoms hört und herabfährt, um sich selbst ein Bild zu machen, „ob sie alles getan haben nach dem Geschrei, das vor mich gekommen ist" (1. Mose 18,20 f.). Jahwe ist also nicht der übereilt Jähzornige. Zudem lässt er sich mit Abraham auf ein Gespräch darüber ein, ob es Gott angemessen sei, die Gerechten mit den Gottlosen umzubringen. Abraham handelt mit Gott um das Überleben der Bewohner Sodoms. Mit fünfzig Bewohnern, die gerecht sind, fängt er an. „Ich werde die Stadt nicht vernichten um der fünfzig willen", antwortet Jahwe. Dann handelt Abraham Gottes Erbarmen herunter bis auf zehn Gerechte: „Ich will sie nicht vernichten um der zehn willen." Doch die Geschichte geht anders aus – die Bewohner von Sodom wollen die schönen Boten Gottes, die bei Abrahams Neffen Lot einkehren, sexuell missbrauchen und fordern ihre Auslieferung. Da entscheidet sich Jahwe zur Zerstörung der Stadt, lässt aber Lot und seine Familie aus ihr herausführen aufs rettende Gebirge. Und dann erst heißt es: „Und da ließ der Herr Schwefel und Feuer regnen vom Himmel herab auf Sodom und Gomorrha und vernichtete die Städte und die ganze Gegend und alle Einwohner der Städte." Noch heute können wir die unheimliche menschenleere Gegend am Toten Meer sehen. Sodom und Gomorrha aber sind zum Sinnbild für sündiges, zuchtloses Verhalten geworden. Und zum Synonym für ein militärisches Strafgericht – „Operation Gomorrha" nannten die Engländer die vernichtenden Bombenangriffe auf Hamburg Ende Juli 1943, bei denen 40.000 Menschen, viele in einem bis dahin unbekannten, infernalischen „Feuersturm", den Tod fanden.

Der Typus des abwendbaren göttlichen Strafgerichts wiederholt sich in der Jonageschichte. Als die Stadt Ninive auf die Predigt des Propheten einsichtig reagiert und in Sack und Asche Buße tut, Menschen und Tiere!, „reute Gott das Übel, das er ihnen angedroht hatte, und tat's nicht" – sehr zum Unwillen des Propheten, der Gott deswegen zürnt (Jona 3,10).

Häufig ist davon die Rede, dass der Zorn des Herrn über Israel entbrennt (2. Mose 22,23; 4. Mose 11,1). Dieser Zorn entbrennt nicht unbegründet oder willkürlich, sondern er hat immer einen Anlass. Hauptursache von Gottes Zorn sind die Missetaten Israels. Es dominiert eine Vergeltungslogik, die ungehorsames und unsoziales Verhalten bestraft. Man kann sagen, die Androhung des göttlichen Zorns ist ein Ersatz für fehlende rechtliche Sanktionen. Wer die Witwen und Waisen entgegen Gottes Gebot unterdrückt, über dem wird Gottes Zorn entbrennen, heißt es im Bundesbuch, der ersten Gesetzessammlung Israels (2. Mose 22,23). Häufig ist die Anbetung fremder Götter der Anlass für Gottes Zorn (5. Mose 29,26; Ri 2,14). Oder die Nichteinhaltung der Regeln des heiligen Kriegs (Jos 7,1), der Wankelmut und Unzufriedenheit beim Zug durch die Wüste (4. Mose 32,10). Der Eindruck, der sich bei oberflächlicher Lektüre des Alten Testaments einstellt, man habe es mit einem leicht reizbaren, wegen jeder Lappalie zornig werdenden Gott zu tun, ist prima vista nicht falsch. Viele Geschichten vom Zorn Gottes werden sozusagen aus pädagogischen Gründen erzählt, so wie mir in meiner Kindheit der Zorn des Vaters angedroht wurde, wenn ich nicht gehorchte: Warte nur, bis Papa nach Hause kommt (der mich dann auch manchmal mit Schlägen traktierte). Das Volk Israel wird mit der Androhung und Exekution von Gottes Zorn erzogen.

Lessing hat es in *Die Erziehung des Menschengeschlechts* so gefasst: „Ein Volk aber, das so roh, so ungeschickt zu abgezogenen Gedanken war, noch so völlig in seiner Kindheit, was war es für einer moralischen Erziehung fähig? Keiner anderen als die, die dem Alter der Kindheit entspricht. Der Erziehung durch unmittelbare sinnliche Strafen und Belohnungen." (Lessing, 640)

Viele, die als Kinder vom zornigen Gott hörten und vom Vater verprügelt wurden, haben sich vom christlichen Glauben enttäuscht abgewandt. Sie sollten aber noch mal genau in die biblischen Texte schauen, ehe man sie endgültig beiseite legt.

d. Ist Gott ein Gott der Rache?
Ja, auch!

Ist Gott ein Gott der Rache? Da muss man nicht lange fragen, ganz schnell wird auch von klugen und differenziert denkenden Zeitgenossen die Frage uneingeschränkt mit Ja beantwortet. Der Gott des Alten Testaments ist für viele zuerst und vor allem ein Gott der Rache. Doch wenn man genauer hinschaut, differenziert sich der Eindruck. Erstens gibt es gar nicht so viele Stellen, wo von Gottes Rache die Rede ist. Die Stelle, die zumeist als Beleg für den rächenden Gott herangezogen wird: „Mein ist die Rache, spricht der Herr, ich will vergelten" (5. Mose 32,35), meint nicht, dass Gott ein Gott der Rache ist, wie die meisten Zeitgenossen annehmen, sondern dass Gott Rache verhindern bzw. eingrenzen will, ohne auf Gerechtigkeit zu verzichten. Das Volk Israel soll statt zu rächen auf die Vergeltung Gottes warten. Denn der gesamte Vers lautet: „Mein ist die Rache, spricht der Herr, ich will vergelten zur Zeit, da ihr Fuß gleitet, denn die Zeit ihres Unglücks ist nahe, und was über sie kommen soll, eilt herzu." Die Feinde Israels, so die Logik dieses Satzes, wird ihr Schicksal ereilen, wenn es so weit ist. Die Vergeltung kommt innerweltlich, nicht erst am Ende der Zeiten. Aber sie kommt erst, wenn es so weit ist, wenn ihr Fuß tatsächlich gleitet. Israel muss Geduld haben.

Auf der andern Seite steht außer Zweifel, dass Gott im Alten Testament als zorniger und rächender Gott verstanden wird. Deswegen antwortet der Alttestamentler Jürgen Ebach auf die Frage „Ist Gott ein Gott der Rache?" mit einem „Ja auch". So wird der Gott der Rache bzw. der Vergeltung in Ps 94,1 angerufen, zu erscheinen und den Hoffärtigen zu vergelten, was sie verdienen.

Israel wird dann belehrt, dass Gott sehr wohl hört und sieht, was an Unrecht geschieht. „Recht muss doch Recht bleiben und ihm werden alle frommen Herzen zufallen", versichert der Psalmdichter in V. 15. Also auch hier die geschichtstheologische Mahnung zur Geduld, denn Gott hält die Völker in Zucht, er wird Rechenschaft fordern. Das heißt: Gott verbietet die Rache, ohne auf Gerechtigkeit zu verzichten. Auch das ist zu bedenken. „Gottes Rache gilt dem Recht der Entrechteten, der Gedemütigten, der Armen. Wenn sie zu ihrem Recht kommen sollten, müssen die Verhältnisse sich ändern. Mehr ändern, als es uns Reichen und Privilegierten recht sein kann. Gott als Rächer anzurufen heißt, die Änderung dieser Verhältnisse wollen" (Ebach). Wollen wir das wirklich? Wir sagen lieber anonym „etwas rächt sich", als von Gott, dem Herrn der Geschichte, diese Rache, sprich Änderung des Unrechts, zu erwarten.

Nun ist diese Geschichtstheologie heute nicht mehr ohne Weiteres nachzuvollziehen.

Man bedenke ihren Entstehungskontext: Je mehr Israel im 6. Jahrhundert v.Chr. zum Opfer der Großmachtpolitik im Vorderen Orient wurde, eingekeilt zwischen Assyrien und Babylonien auf der einen Seite, Ägypten auf der anderen, umso stärker entwickelt es den Gedanken, dass sein Gott ein universaler Gott und den Reichsgöttern der Imperien überlegen ist, der sie sogar nutzt, um das ihm untreue Israel zu strafen. Gott entwickelt sich vom kleinen Vulkan- und Stammesgott, der immer gleich losdonnert und eifersüchtig über sein Hirtenvolk wacht, zum universalen Gott. Die Ironiker unter den Religionsdeutern, Heinrich Heine an erster Stelle, haben das früh erkannt. Will sagen: Bei den Propheten Jesaja, Jeremia und Ezechiel werden diese autoaggressiven Bestrafungsfantasien, denn um solche handelt es sich, immer mit Rettungsfantasien verbunden. Israel wird in die Hand der Fremdvölker gegeben, aber nicht völlig ausgerottet, ein Rest wird bewahrt und gerettet. Diese Pädagogik des Gotteszorns gegen das eigene Volk ist ebenso wie die Theologie der Überlegenheit von Israels Gott eine geniale psychische Deutung, um die eigene Niederlage zu kompensieren. Diese Deutung trägt zwei Jahrhunderte. Durch das Aufkommen der persischen Macht findet auch die Fantasie der Rückkehr im Kyros-Edikt ihre Erfüllung. Als sich jedoch mit dem Auftreten Alexanders des Großen und seiner Nachfolger die politischen Widersprüche noch einmal verschärfen, entsteht die jüdische Apokalyptik. Sie prophezeit, dass am Ende der Zeiten die gesamte verderbte Welt untergehen wird und ein neues Reich Gottes, ein neuer Himmel und eine neue Erde entstehen werden. Damit wird eine „transzendente Bank zur Deponierung aufgeschobener menschlicher thymotischer Impulse und zurückgestellter Racheprojekte eingerichtet" (Sloterdijk, 154). Diese Zornbank ist eine wichtige Institution der Bearbeitung von Racheimpulsen. Wo sie vergessen wird und man die Rache wieder in die eigene Hand nimmt, kommt es zur blutigen Säuberung durch eine selbsternannte Elite. Wie sie übrigens schon im Buch Exodus geschildert wird, wo Mose dem Leviten befiehlt, unter den Anbetern des Goldenen Kalbs ein Blutbad anzurichten. So „fielen an diesem Tag vom Volk 3.000 Mann" (2. Mose 32,28). Das war die erste revolutionäre Säuberung in der Geschichte, die im 20. Jahrhundert in der Sowjetunion durch die Säuberungen Lenins und Stalins, denen Millionen Menschen zum Opfer fielen, eine so schreckliche Wiederauferstehung erlebte. Lenin war so gesehen ein „roter Moses".

Nur dort, wo gleichzeitig mit dem neuzeitlichen Staat – dem „sterblichen Gott" (Hobbes), der das Gewaltmonopol hat und alle privaten Fehden eindämmt – die Herrschaft des Rechts und die Gewaltenteilung institutionalisiert werden, ist diese totalitäre Entwicklung vermeidbar. Der Staat, der spricht „Mein ist die Rache, ich will vergelten" bis hin zur Todesstrafe, verzichtet schließlich sogar auf dieses Sühnemittel, leider immer noch nicht in allen Staaten der Erde. Wer dennoch die Rache selbst in die Hand nimmt, wird zur Rechenschaft gezogen und bestraft.

e. „Wohl dem, der deine Kinder nimmt..."

Soll der mörderische Hass in Ps 137 gestrichen werden?

Wie entsteht Hass? Durch Demütigung, Kränkung, Beschämung, Verletzung, Entehrung, Eifersucht? Jedenfalls nicht aus heiterem Himmel. Es gibt in der Bibel einen Text, der das Hassgefühl ungeschminkt beschreibt.

Es ist der 137. Psalm, der elegisch beginnt. Er wurde zur Vorlage eines bekannten Popsongs (On the rivers of Babylon): „An den Wassern Babylons saßen wir und weinten, wenn wir an Zion gedachten. Unsere Harfen hängten wir an die Weiden dort im Lande." Das Land ist das Zweistromland, ist Babylon, wohin nach der Eroberung Jerusalems 587 v.Chr. die jüdische Oberschicht deportiert wurde. Sie konnten dort ihren Glauben leben, sogar den Sabbat feiern, Häuser bauen, Gärten anlegen, Familien gründen. Die jüdischen Priester lernten in Babylon viel von den astronomisch kundigen Weisen, von der Literatur und Wissenschaft Babylons. Das ist deutlich im Buch Genesis zu merken.

Trotzdem – ganz froh wurde man in Babylon nicht. Man war im Exil und die Sehnsucht nach der Heimat blieb. Wie es vorkommt, waren die deportierten Israeliten von den Babyloniern aufgefordert worden, einmal Lieder ihrer Heimat vorzutragen. „Denn die uns gefangen hielten", geht der Psalm weiter, „hießen uns dort singen und in unserem Heulen fröhlich sein: Singet uns ein Lied von Zion." Empört fragt der Dichter des Psalms: „Wie können wir des Herrn Lied singen im fremden Land?" Er empfindet es als Verspottung. Der Kulturtransfer, das Singen der heimischen Folklore im fremden Land wird entschieden abgelehnt. Dann folgt eine berühmte Selbstverwünschung: „Vergesse ich dich, Jerusalem, so verdorre meine Rechte." Diese empörte Reaktion, dieser melancholische Trotz gegen die kulturelle Anmutung, Zionslieder zu singen, ist verständlich. Doch in den letzten drei Versen bricht ein völlig ungefilterter Hass aus dem Dichter hervor. „Tochter Babel, du Verwüsterin, wohl dem, der dir vergilt, was du uns angetan hast! Wohl dem, der deine jungen Kinder nimmt und sie am Felsen zerschmettert" (Ps 137,8 f.). Es gibt wohl keinen Leser des Psalms, den dieser Hassausbruch nicht erschreckt. Kindermörder zu preisen ist pervers und abartig, zu schweigen von der brutalen Art zu töten, die hier gelobt wird. Diese Verse gelten als abschreckendstes Beispiel eines Rachepsalms. Antijüdisch eingestellte Christen nehmen den Psalm gern als Beleg für die Rückständigkeit des jüdischen Glaubens und seine Charakterisierung als archaische Rache-Religion.

Auch das erlittene Unrecht kann nach unserem Verständnis einen solchen Hass nicht rechtfertigen. Er ist aber Teil des negativen menschlichen Gefühlspotenzials und seiner Ausdrucksformen. Es bleibt das Skandalon dieses Psalmworts, das den Mord an den Kindern der Feinde aus Hass preist. Als ich einmal in einer Bibelstunde den über diese Stelle empörten Frauen sagte: „Gut, dann reißen wir eben die Seite aus der Bibel heraus und zeigen so, wir wollen damit nichts zu tun haben", und die Seite schon anfasste, reagierten sie erschrocken. Nein, das solle ich nicht tun, das gehe auch nicht. Wir kamen danach in ein gutes Gespräch über Hassgefühle, die uns in unserer Hilflosigkeit angesichts eines großen Unrechts überschwemmen. Etwa bei Kindesmord, wo viele sonst zivil eingestellte Mitbürger auf einmal vehement für die Todesstrafe (manche sogar für Lynchjustiz) eintreten. Dass die hebräische Bibel solche Hassgefühle nicht verschweigt, sondern uns damit konfrontiert, ist eine wichtige Seite des alttestamentlichen Realismus. Wie im antiken Drama können wir mit Hilfe eines solchen Psalms unsere Gefühle klären und reinigen. Auch die Bibel hat als große Literatur eine kathartische Funktion.

f. „Erst geköpft, dann gehangen"
Der Rachewunsch des komischen Osmin

Auch in der Oper ist das Gefühl der Rache häufig ein dramatisches Motiv, manchmal auch in komödiantischer Form. Zum Beispiel in Mozarts Singspiel *Die Entführung aus dem Serail*. Hier wird mit dem dicken Haremswächter Osmin ein komischer Bösewicht vorgestellt. Die orientalische Szenerie stellt sozusagen die Türkengefahr in ihrer überwundenen Form dar. Was 80 Jahre zuvor noch Schrecken und Angst auslöste, erobernde Janitscharentruppen, das kann man jetzt musikalisch genießen, wie die Verwendung der türkischen Instrumente zeigt.

Osmin ist eigentlich ein gemütlicher Kerl, zwar misstrauisch, aber das muss er als Haremswächter auch sein. Er ist nicht besonders fremdenfreundlich, doch verliebt in die hübsche Engländerin Blondchen, die Dienerin der gefangenen Konstanze. Damit befindet er sich in Konkurrenz zu Pedrillo, dem Diener des Belmonte, der auftaucht, um Konstanze zu befreien. Osmin lässt sich zum Weintrinken verführen, aber gerade noch rechtzeitig kann er die Entführung der Frauen durch die beiden Europäer vereiteln, deren einen er als Konkurrenten um die Gunst der hübschen Blondine empfindet. Er ist wütend, als er das Komplott entdeckt, und in seiner Wut lässt er seinen Rachegefühlen freien Lauf. „O, wie will ich triumphieren, wenn sie euch zum Richtplatz führen und die Hälse schnüren zu." Das türkische Orchester setzt mit Piccolo-Flöten, Tschinellen und Triangel mit grellem Klang und in einem atemberaubenden Tempo ein. Osmin springt sozusagen mit dem Ersten „O wie will ich triumphieren" auf diesen Rachezug auf. Das Hälsezuschnüren illustrieren die wiederholten Flötenakkorde. Das Gewalttätig-Kolossale der Figur erreicht Mozart durch den gewaltigen Umfang der Stimme. Nach dem lang ausgehaltenen tiefen D auf die Worte „denn nun hab ich vor euch Ruh" setzt Osmin unvermittelt zwei Oktaven höher wieder ein, sich fast selbst vor Rachelust überschlagend.

Aber der bärbeißige und tollpatschige Bösewicht ist nicht so böse, wie er sich verbal drohend gibt. Mozart zeigt das in einer witzigen verunglückten Koloratur auf das Wort „singen". Bei der Vorstellung des Singens fängt er sozusagen an, vor Glück zu taumeln, musikalisch zu straucheln, was dann auch heißt, dass seine Rache scheitern wird. Gerade weil Osmin kein Blatt vor den Mund nimmt und seine Rache verbal ausagiert, bleibt er menschlich. So hat Mozart ihn auch zeigen wollen, als eine Figur voller Ambivalenz, komisch und böse zugleich. Ende gut, alles gut. Der Türkenherrscher Bassa Selim verzeiht den Entführern und lässt beide Paare ziehen. Als Osmin seine Felle davon schwimmen sieht, schreit er zum letzten Mal gegen den allgemeinen Verzeihungsrundgesang seine Rache- und Folterfantasie heraus: „Erst geköpft, dann gehangen, dann gespießt, dann auf heiße Stangen." Noch einmal erzeugen die türkischen Instrumente durch monotonen Rhythmus und grelle fremdartige Farbigkeit eine umwerfende Wirkung. Immer schneller und lauter steigert Osmin sich in seine Raserei hinein. Der fast vor Wut platzende Bösewicht wirkt komisch und tragisch zugleich. Er, der als Einziger mit seinem Beharren auf Rache den Ensemblegesang durchbrechen darf, erinnert so auch an die Zerbrechlichkeit von Humanität. Die andern reagieren empört: Wer so denkt und handelt, „den seh man mit Verachtung an". Denn: „Nichts ist so hässlich als die Rache." Diese Einsicht, die bei Mozart sich der überwundenen Angst realer Türkengefahr verdankt, wird kurz darauf im Terror der französischen Revolution und dem Gegenterror der alten Kräfte zurückgenommen und wieder zur politischen Methode.

g. „Mein Jahr als Mörder"

Die Rache in die eigene Hand nehmen?

Sehr einfühlsam hat Friedrich Christian Delius im Roman *Mein Jahr als Mörder* 2004 eine erzählerische Version des biblischen Racheverzichts bzw. seiner Verschiebung auf die Zornbank Gott in der Gegenwart geschildert. Als der Erzähler, ein Berliner Student, am Nikolaustag 1968 im Radio hört, dass Hans-Joachim Rehse, ehemaliger Richter an Freislers Volksgerichtshof, trotz seiner verbrecherischen Urteile freigesprochen wurde, beschließt er, ein Zeichen zu setzen. Er will diesen Mann umbringen, ihn erschießen. Er hat dafür auch einen persönlichen Grund. Rehse hat den Vater seines besten Freundes, den Arzt Georg Groscurth, der Mitglied einer Widerstandsgruppe war (zu der auch Robert Havemann gehörte), die durch Verrat aufflog, 1944 zum Tode verurteilt. Hinzu kommt, dass seine Witwe, weil sie 1951 eine Volksbefragung zur Wiederbewaffnung unterstützte, in Westberlin als Amtsärztin entlassen wurde. Zudem wurde ihr später jahrzehntelang eine Entschädigung wegen ihres Widerstands in der Nazizeit verweigert.

Alles gute Gründe, an der Nazi- und ihrer Nachfolgejustiz – der „Berliner Hydra", wie sie bei Delius heißt – Rache zu nehmen. Der Erzähler plant das Attentat, schafft sich eine Pistole an, will schon nach Schleswig reisen, wo der Richter wohnt, als im September 1969 im Rundfunk gemeldet wird, dass der frühere Richter R. in einer Klinik im Allgäu einem Herzinfarkt erlegen sei. Kurz: Der Sensenmann nimmt ihm die Rache aus der Hand. Oder sollte man sagen: Gott als der Herr über Leben und Tod, ganz im Sinne der Zusage Gottes in 5. Mose 32: „Ich will vergelten zur Zeit, da ihr Fuß gleitet." Bei der Ahndung der Verbrechen gegen die Menschlichkeit aber darf man nicht jedes Mal auf Gottes Vergeltung vertrauen. Zumeist bedarf Gott der Nachhilfe durch energische Intervention der Justiz – hätte der Generalstaatsanwalt Bauer in Frankfurt nicht so energisch die Täter von Auschwitz ausfindig gemacht und die Opfer gegen sie aussagen lassen, wären sie wahrscheinlich nie vor Gericht gestellt und verurteilt worden. (Das macht der Film *Im Labyrinth des Schweigens* über die Vorgeschichte des Auschwitz-Prozesses noch einmal deutlich.) Hätte Beate Klarsfeld nicht immer wieder in mutigen Einzelaktionen ehemalige Nazis ausfindig gemacht und sie wie Kiesinger öffentlich attackiert, die stillschweigende Hinnahme solcher Verdrängung hätte länger gedauert. Jetzt werden die letzten noch lebenden am Massenmord Beteiligten zur Rechenschaft gezogen – so Hubert Zafke, 94-jährig in Mecklenburg-Vorpommern lebend, als SS-Unterscharführer im Wachdienst in Auschwitz tätig gewesen (BILD vom 9.3.2015). Er will nichts gesehen, gehört und gerochen haben. Jetzt aber, nach dem Damjanjuk-Urteil von 2011, muss ihm nicht mehr die Beteiligung an einzelnen Morden nachgewiesen werden. Es genügt die bloße Zugehörigkeit zu den Wachmannschaften. Zafkes Anwalt will ihn wegen seines schlechten Gesundheitszustands für nicht verhandlungsfähig erklären lassen. Aber so viel Menschlichkeit könnte er doch noch haben zu sagen, es tut mir leid, dass ich mitgemacht habe. Das hat immerhin der 93-jährige „Buchhalter von Auschwitz", Oskar Gröning, vor dem Landgericht in Lüneburg getan, als er etwas gewunden-formalistisch sagte, er bekenne sich zu „seiner moralischen Mitschuld mit Reue und Demut vor den Opfern" (*Der Tagesspiegel* vom 22.4.2015). Im 70. Jahr nach der Befreiung von Auschwitz geht es nicht mehr um Rache, sondern um Gerechtigkeit, sagen die Überlebenden und ihre Angehörigen. Wäre ihr Genüge getan, könnte auch Gnade walten und man müsste einen 94-jährigen zwar zu Lebenslänglich verurteilen, ihn aber vielleicht seine Strafe nicht mehr antreten lassen, da er ohnehin bald vor seinen göttlichen Richter treten muss.

h. Wie einem das Bedürfnis
nach Rache vergehen kann

Der Fall ging durch die Presse – der russische Ingenieur Vitali K. tötete 2003 den in der Schweiz tätigen dänischen Fluglotsen, dessen Fehler 2001 zum Absturz einer Passagiermaschine über dem Bodensee geführt hatte, in der seine Familie saß. Wie hätte der russische Ingenieur Vitalij K. mit seinem Schmerz über den Tod von Frau und Kindern anders umgehen können als durch einen Racheakt? Er war ja nicht der einzige Hinterbliebene dieses Unglücks; die meisten waren wohl ebenso zornig über das menschliche Versagen, das zum Tod ihrer Liebsten geführt hatte. Sie nahmen die Rache aber nicht in die eigene Hand. Manchmal ist es die vergehende Zeit, die das Racheverlangen vermindert. Diese Zeit hatte der Ingenieur offensichtlich nicht.

Anders als der auf Rache verzichtende Held in der Kalendergeschichte *Der Husar in Neiße* von Johann Peter Hebel. Sie erzählt vom Kriegsverbrechen eines preußischen Husaren, das nach langer Zeit entdeckt wird. Der Husar war beim Feldzug der Koalition 1790 gegen das revolutionäre Frankreich ins „Haus eines braven Mannes" eingedrungen und hatte all sein Geld und dazu „das schöne Bett mit nagelneuem Überzug" geraubt. Als der achtjährige Sohn ihn bittet, wenigstens das Bettzeug wieder herauszugeben, stößt er ihn von sich. Dann wirft er die Tochter, die ihn festzuhalten versucht, in den Sodbrunnen, sodass sie stirbt. 16 Jahre später kommen die französischen Armeen unter Napoleon nach Preußen. Ein junger Sergeant wird bei einer Frau in Neiße einquartiert und entdeckt voll Schrecken das Bettzeug, das seinen Eltern bei der Plünderung geraubt worden war. Die Frau sagt, sie habe es bei einem Husaren gekauft, der noch in Neiße lebt. Der Sergeant geht zu ihm. Der Husar leugnet anfangs, dann fällt er auf die Knie und bittet um Pardon, in sicherer Erwartung der Rache. Doch Hebel fährt fort: „Wenn das Herz bewegt ist und vor Schmerz fast brechen will, mag der Mensch keine Rache nehmen. Da ist ihm die Rache zu klein und verächtlich, sondern er denkt: wir sind in Gottes Hand. Ich will nicht Böses mit Bösem vergelten. So dachte der Franzose auch und sagte: ‚Daß du mich mißhandelt hast, das verzeihe ich dir. Daß du meine Eltern mißhandelt und zu armen Leuten gemacht hast, das werden dir meine Eltern verzeihen. Daß du meine Schwester in den Brunnen geworfen hast, und ist nimmer davongekommen, das verzeihe dir Gott.' Mit diesen Worten ging er fort, ohne dem Husaren das geringste zuleide zu tun, und es ward ihm in seinem Herzen wieder wohl … Dem Husaren aber", so die Geschichte weiter, „war nachher zu Mut, als wenn er vor dem Jüngsten Gericht gestanden wäre und hätte keinen guten Bescheid bekommen. Denn er hatte von dieser Zeit an keine gute Stunde mehr, und soll nach einem Vierteljahr gestorben sein." (Hebel, 136 f.)

Hebel fügt noch eines seiner berühmten Merke an: „Es gibt Untaten, über die kein Gras wächst", ein Merke, das in der deutschen Geschichte leider nicht genügend gehört wurde. Es ist eine jener Geschichten, bei denen man das unabweisbare Bedürfnis hat, ein besserer Mensch zu werden. Die Geschichte lehrt, dass Rache eben nicht süß sein muss. Sie lehrt weiter, dass es eine Vergeltung des Gewissens, des inneren Gerichts geben kann.

Unter dem Titel *Rache ist sauer* erzählt George Orwell, wie er als Kriegsberichterstatter im Jahr 1945 ein Lager für gefangene Kriegsverbrecher besucht. Dabei wird er Zeuge, wie ein junger Wiener Jude, der die Verhöre leitete, einem Häftling, der einen hohen Rang in der Politischen Abteilung der SS bekleidet hatte, einen fürchterlichen Tritt gegen dessen gequetschten und geschwollenen Fuß versetzt. Orwell kommentiert diese Szene so: „Es ist absurd, einen deutschen oder österreichischen Juden dafür zu tadeln, dass er erlittenes Leid den Nazis heimzahlt. Der Himmel weiß, was für eine Rechnung dieser Mann hier zu begleichen haben mochte; höchstwahrscheinlich war seine ganze Familie ermordet worden; und letzten Endes ist selbst ein willkürlicher harter Fußtritt für einen Gefangenen eine überaus geringe Sache, verglichen mit jenen Gräueltaten, die das Hitlerregime begangen hatte. Doch diese Szene und vieles andere, was ich in Deutschland gesehen habe, haben mir eindringlich vor Augen geführt, daß die ganze Vorstellung von Vergeltung und Bestrafung eine kindische Traumvorstellung ist: Streng genommen gibt es sowas wie Vergeltung oder Rache nicht. Rache ist eine Handlung, die man begehen möchte, wenn und weil man machtlos ist: Sobald aber dieses Gefühl des Unvermögens beseitigt wird, schwindet auch der Wunsch nach Rache. Wer wäre nicht 1940 beim Gedanken, SS-Offiziere mit Füßen getreten und erniedrigt zu sehen, vor Freude in die Luft gesprungen? Doch wenn dieses Handeln möglich wird, erscheint es einem nur noch pathetisch und widerlich." (Orwell, 74)

Hebel wie Orwell betonen, dass die vergehende Zeit und das Machtgefälle das Rachebedürfnis verändern können. Es kann sogar ganz verschwinden und damit dem Gedanken, dass die Rache letztlich bei Gott liegt, Raum geben. Oder anders gesagt: den Racheverzicht als sinnvolle, heilende Möglichkeit des Menschen begreifen.

Das hat Eva Mozes Kor erfahren, die als eines der von Mengele benutzten Zwillingskinder Auschwitz überlebte. Sie lernte nach dem Tod ihrer Schwester Anfang der 90er-Jahre einen ehemaligen SS-Arzt und Mitarbeiter von Mengele, Hans Münch, kennen. Münch war als Kriegsverbrecher angeklagt, aber schließlich freigesprochen worden, weil er keine Menschenversuche durchgeführt hatte. Eva Mozes Kor lernt einen weißhaarigen Mann kennen, der infolge seiner Beteiligung an den NS-Verbrechen unter Depressionen und Albträumen litt. Sie entschied sich, ihm einen Brief zu schreiben, in dem sie ihm vergab. Und sie ging noch weiter. Zur

50-Jahr-Feier der Befreiung von Auschwitz nahm sie Münch mit nach Auschwitz, verlas dort ein Schuldeingeständnis Münchs und sagte dann: „In meinem eigenen Namen vergebe ich allen Nazis." Diese private Amnestie löste bei andern Auschwitz-Überlebenden Verärgerung aus. Dazu habe sie nicht das Recht, hieß es. Doch Eva Mozes Kor, die an ihrem Heimatort im US-Bundesstaat Indiana ein kleines Holocaust-Museum betreibt, blieb bei ihrer Haltung. „So habe sie endlich ihre Opferrolle abstreifen können. Ihre Vergebung sei kein Vergessen" (Spiegel online 8.12.2005). Trotzdem blieb ihr Verhalten umstritten, zum einen, weil andere Opfer, die auf ihrer Unversöhnlichkeit beharrten, nun im Vergleich mit Eva Mozes Kor schlecht dastanden. Zum andern, weil Täter, die vielleicht nicht wirklich in sich gegangen waren und zutiefst bereut hatten, jetzt dadurch eine billige Verzeihung erhielten. Als Frau Kor diese „Verzeihens-Show" jüngst beim Lüneburger Prozess gegen den SS-Mann Oskar Gröning, den Buchhalter von Auschwitz, wiederholte, sagte die Nebenklägerin Hedy Bom: „Ich glaube nicht, dass mir jemand das Recht gibt, den Mördern meiner Mutter zu vergeben. Vielleicht kann Gott vergeben. Ich kann es nicht." (*Süddeutsche Zeitung* 30.4./1.5.2015)

i. Der zornige Jesus
Ein fast verschwiegener Affekt des Heilands

In Deutschland – Ein Wintermärchen beschreibt Heine, wie er vor Paderborn im Morgennebel das Bild des Gekreuzigten aufragen sieht. Er bricht in den Seufzer aus: „Mit Wehmut erfüllt mich jedes Mal / dein Bild, mein armer Vetter, / der du die Welt erlösen gewollt, / du Narr, du Menschheitsretter. / Sie haben dir übel mitgespielt, / die Herren vom Hohen Rate. / Wer hieß dich auch reden so rücksichtslos / von der Kirche und vom Staate." Und weiter: „Geldwechsler, Bankiers hast du sogar / mit der Peitsche gejagt aus dem Tempel. / Unglücklicher Schwärmer, jetzt hängst du am Kreuz / als warnendes Exempel" (Heine 2005, 605). Die ironische Pointe – hättest du nur ein Buch geschrieben, wär dir das nicht passiert, du wärst allenfalls zensiert worden – übergehe ich hier. Heines Erinnerung an die Tempelaustreibung, er bezieht sich auf die Version des Johannesevangeliums, nach der Jesus das sogar mit einer Peitsche tut, lässt den Zorn des Mannes aus Nazareth lebendig werden. Wütend schleudert er den Händlern einen Spruch des Propheten Jesaja entgegen: „Mein Haus soll ein Bethaus heißen. Ihr aber habt daraus eine Räuberhöhle gemacht." (Lk 19,46)

Diese aufrührerische Aktion bringt Jesus in Konflikt mit der Oberschicht von Jerusalem, die vom funktionierenden Tempelbetrieb abhängt. Der Tempel war das Macht- und Finanzzentrum des damaligen Judäa. Die Tätigkeit des Hohepriesters wurde im Wechsel von Angehörigen der einflussreichen alten Familien ausgeübt. Diese Priesterfamilien (Heine nennt sie „Bankiers") hatten das Sagen im Hohen Rat. Sie wollten sich mit den römischen Besatzern einigermaßen gutstellen, Unruhen an den großen Festen konnten sie nicht gebrauchen. Deswegen lässt der Hohe Rat Jesus nach der Tempelreinigung verhaften. Und überstellt ihn an Pontius Pilatus. Das Geschehen, das zur Kreuzigung Jesu führt, nimmt seinen Lauf.

Jesus geriet in Zorn, als er die Händler im Tempel sah, so erzählen es die Evangelisten. Man muss aber annehmen, dass die Tempelreinigung keine rein impulsive Handlung Jesu war. Wahrscheinlich suchte er den Konflikt mit den herrschenden Kreisen. In einer Aktion, die der Öffentlichkeit bewusst machen sollte: Der riesige Tempelbetrieb hat die Verehrung Gottes veräußerlicht. Es kommt aber auf etwas anderes an: auf Nächstenliebe und Barmherzigkeit, darauf, dass sich der innere Mensch verändert.

Jesu Zorn über die Händler im Tempel steht in der Tradition der prophetischen Aufdeckung von Gewaltstrukturen durch symbolische Aktionen. So haben die Propheten Jesaja und Jeremia gehandelt, wenn sie Töpfe zerschmissen und sich ein Joch auferlegten. In solchen Aktionen werden gesellschaftliche Regeln verletzt. Zu diesen Regelverletzungen gehört Jesu skandalöser Umgang mit den verachteten Zöllnern und Prostituierten, von denen er sagte, sie kämen eher ins Himmelreich als die frommen Pharisäer. Dazu gehört vor allem seine Übertretung des Sabbatgebots zur Rettung von bedrohtem Leben, denn Jesus heilte Kranke am Sabbat. Auch die provozierende Tempelreinigung ist eine solche Aktion, die die verfestigte Gewalt gesellschaftlichen Unrechts aufdecken soll – die herrschende Schicht bereichert sich an der religiösen Not der Massen, anstatt zu sagen: Das Reich Gottes ist für jeden da, der sich vertrauensvoll und bußfertig an Gott wendet. Man könnte allerdings einwenden: Jesu Zorn trifft die Falschen, die kleinen Geldwechsler und Händler, die bloß ihr Auskommen suchen.

Aber jeder, der aus einem Unrecht seinen Vorteil zieht, muss wissen, was er tut, und die Konsequenzen tragen.

Ist einmal der Blick geschärft für solches Handeln Jesu, entdeckt man weitere Geschichten, die einen zornig-aggressiven Jesus zeigen. Jesus war kein sanfter Friedensbote, kein stets lächelnder Hippie mit langen Haaren, der keiner Fliege etwas zuleide tun kann. Er verlangt von seinen Jüngern, dass sie sich konfliktbewusst und widerständig verhalten sollen. Häuser, die sie nicht aufnehmen, sollen sie quasi verfluchen. Jesus verurteilt Reichtum und großen Besitz, als er mit Blick auf den reichen Jüngling, der ihm wegen seines Besitzes nicht nachfolgen wollte, sagt: „Eher geht ein Kamel durch ein Nadelöhr als dass ein Reicher ins Himmelreich kommt." (Mt 19,24)

Jesus trat auf gewaltfreie Weise parteilich und entschieden für die Unterdrückten und Randgruppen ein. Er hat ihre Aggressionen nicht verurteilt, sondern sie positiv aufgenommen und versucht zu verwandeln. Es geht nicht darum, die Aggressionen zu leugnen und sie abzudrängen, sondern sie bewusst zu machen und zu transformieren. In der Jesusbewegung konnte „viel Aggression in Kritik an Reichtum und Besitz, Pharisäern und Priestern, Tempel und Tabus umgesetzt werden. Erst diese Aggressionsverarbeitung schuf Raum für Jesu neue Vision von Liebe und Versöhnung, in deren Mitte das neue Gebot der Feindesliebe steht." (Gerd Theissen)

Jesu Zorn ist vom Zorn Achills weit unterschieden. Es geht nicht um Rache, sondern um die Beseitigung eines Unrechts. Jesu kreativer Zorn richtet sich in der Tempelaustreibung, modern ausgedrückt, gegen eine große Institution, die die religiösen Bedürfnisse der Menschen ausbeutete.

Ein gegenwärtiges Beispiel für diesen kreativen Zorn war Martin Luther Kings gewaltfreier Ungehorsam gegen die Rassentrennung im Süden der USA in den 1960er-Jahren. Als er und seine Mitstreiter in gewaltfreien Sit-Ins gegen die Rassentrennung in Kaufhäusern und Restaurants demonstrierten, warf ihm die evangelische Pastorenschaft von Birmingham im April 1963 vor, Unfrieden in ihre Stadt zu bringen, King wurde festgenommen und zu einer Gefängnisstrafe verurteilt. In seinem Brief aus dem Gefängnis an die Pastoren sagte er, der Frieden in eurer Stadt ist ein fauler Frieden, weil er auf Rassentrennung und Ungleichheit beruht. Durch unseren zivilen Ungehorsam fördern wir nur zutage, wie ungerecht es in eurer Stadt zugeht. Sein späterer Zorn auf die unheilige Trias von Rassismus, Imperialismus und Militarismus, wie sie sich im Vietnamkrieg der USA zeigte, machte ihn zum Staatsfeind, der vom FBI beschattet wurde und den Hass verwirrter Geister auf sich zog, bis zu seiner Ermordung im Memphis/Tennessee am 5.April 1968, als er den Streik schwarzer Müllarbeiter unterstützte. Schließlich sei an den Zorn alter Männer wie Stephane Hessel, Widerstandskämpfer, KZ-Häftling und Menschenrechtsaktivist, erinnert, die angesichts der Entwicklung des Finanzkapitalismus den Jüngeren zurufen: „Empört euch!"

Die Erinnerung an Jesu Zorn kann also helfen, sich nicht mit ungerechten Verhältnissen abzufinden. „Wer über gewissen Dingen nicht den Verstand verliert, der hat keinen zu verlieren", heißt es in Lessings Drama *Emilia Galotti*. Zorn ist in dieser Sicht keine Todsünde, sondern eine verständliche Reaktion auf ein Unrecht, das gen Himmel schreit.

j. „Verdammt noch mal"

Warum wir so viel schimpfen und fluchen

Nirgends wird so viel geschimpft wie beim Autofahren. Gerade das Schimpfen und Fluchen im Auto aber, so Wissenschaftler, die sich mit dem Phänomen beschäftigen, belege die positive Funktion des Schimpfens im Affekt. Schimpfen und Fluchen befreie und baue Stress ab. Das ist richtig, solange es im eigenen Gefährt geschieht, nur die Beifahrer belästigt und nicht mit Zeichenhandlungen verbunden ist, etwa dem bekannten an die Stirn tippenden Finger zu „du Blödmann". Es schadet dem Beschimpften nicht, sondern dient der eigenen Entlastung. Dennoch – wenn wir beim Schimpfen („so'n Mist") ins Fluchen („verdammt noch mal") oder sogar ins Verfluchen („verdammter Kerl") verfallen, zeigt sich etwas von unseren archaischen Verhaltensweisen. Das Schimpfen mit Fluchwörtern ist sozusagen der moderne Rest einer überwundenen Haltung, die mit einer magisch beeinflussbar gedachten Realität rechnete.

Das Schimpfen und Fluchen, sagen Sprachforscher, ist ein menschlicher Urtrieb, der in der neuronalen Struktur unseres Hirns verankert ist. Flüche finden wir schon in den frühesten schriftlichen Dokumenten der Menschheit. Im alten Ägypten meißelten die Menschen Verwünschungen in Hieroglyphen auf Tongefäße, die dann zerschlagen wurden. In Texten der assyrischen Keilschrift sind sie erhalten und im phönizischen Alphabet. Dass sie gang und gäbe waren, sieht man auch daran, dass das Fluchen in antiken Gesetzestexten verboten wird. Die älteste Gesetzessammlung der hebräischen Bibel, das Bundesbuch, enthält das Verbot, gegen Vater und Mutter Flüche auszusprechen. Sie werden mit der höchsten Strafe geahndet: „Wer Vater oder Mutter flucht, soll mit dem Tode bestraft werden" (2. Mose 21,17). Damit ist nicht gemeint, dass, wer die Eltern mal im Affekt als alte Trottel beschimpft, gleich getötet werden soll. Flüche waren in der Antike nicht einfach nur verbale Beleidigungen. Sie waren mit Zeichen und Handlungen verbunden und hatten soziale Konsequenzen. Die Verfluchung der alten Eltern als Trottel bedeutete ihre Verstoßung aus dem Haus und damit praktisch ihr Ende. Verfluchungen von Feinden drohten diesen den Tod an. Flüche sind selbsthandelnd gedachte Wirkworte. Wie der Segen stehen sie in Verbindung mit der wirkmächtig geglaubten Gottheit. Es geht nicht nur um Worte, sondern um Segens- bzw. Fluchsphären, in die die Angesprochenen geraten und die von der Gottheit garantiert werden. Um dem Fluch Nachdruck zu verleihen, wird eben der Höchste angerufen. Gott soll der Garant des Segens wie des Fluchs sein. Deswegen ist in der Bibel auch so viel von Fluch und Segen die Rede. „Siehe, ich lege euch vor Segen und Fluch", sagt Gott zum Volk Israel, sie sind gewissermaßen Handlungsräume.

Der Jesus der Bergpredigt geht noch von diesem archaischen Verständnis des Schimpfens aus. In den sogenannten Antithesen heißt es im Anschluss an das Tötungsverbot, das zu den Alten gesagt ist: „Ich aber sage euch: Wer aber seinem Bruder (gemeint sind die Mitglieder der eigenen Gemeinschaft) zürnt, muss vors Gericht; wer aber zu seinem Bruder sagt: du Hohlkopf, der muss vor den Hohen Rat; wer aber sagt: du Wahnsinniger, der muss ins höllische Feuer" (Mt 5,22). Jesus radikalisiert also das 5. Gebot, indem er sagt, schon zornige Gedanken gegenüber dem Mitmenschen sind ebenso verboten wie das Töten, den andern entwertende Beschimpfungen verdienen die höchste Bestrafung bis hin zum höllischen Feuer. Er will damit auf jene zerstörerische Logik aufmerksam machen, dass Zorn und Entwertung des andern die Vorstufen der mörderischen Tat sein können. Diese Radikalisierung des 5.Gebots, die alle Äußerungen des Zorns unter Strafe stellt, ist alltagspraktisch schwer umzusetzen. Der Mensch braucht im Alltag, im Umgang mit Dingen und Menschen, ein Ventil für seine Frustrationserfahrungen.

Er sollte aber wissen, sagt Jesus, worauf das entwertende Beschimpfen des andern hinauslaufen kann – auf die Ausgrenzung, Erniedrigung, schließlich die mörderische Tat. Heute findet sich dies Verhalten in aggressiven Handlungen gegenüber Obdachlosen, Behinderten und Ausländern. Es stand hinter den Morden der NSU-Terrorzelle an Migranten. Über zweihundert Tötungen von Behinderten, Obdachlosen und Migranten gab es seit der Wende im geeinten Deutschland!

Wir glauben zwar nicht mehr an die Wirkung von Flüchen, dennoch wirkt die Fluchsprache bis in die säkulare Gegenwart: „Himmel, Herrgott, Sakrament", lautet ein bis heute üblicher Fluch. Um das Blasphemische daran zu vermeiden, wird selbst heute noch das „Sakrament" durch „Sapperment" ersetzt. Oder das „Gott, Blitz und Donner" durch ein „Potz, Blitz und Donner". Aber ein „Herr Gott noch mal" rutscht uns heraus, ohne das Gefährliche daran zu bedenken, das für frühere Zeiten in der Anrufung Gottes lag. Wenn heute auch der Glaube an einen wirkmächtigen Gott bei der Verfluchung kaum noch eine Rolle spielt – dass Flüche Wirkungen haben, zeigt sich immer noch daran, wie sie den Angesprochenen bis ins Körperlich-Seelische hinein aufregen. Beschimpfungen und Flüche sind Verletzungen, die wie Schläge wirken, besonders wenn etwas Empfindliches von der Beschimpfung getroffen wird. Man kennt das aus Ehe- und Beziehungskrisen, wenn immer wieder in den schwachen Stellen des Partners herumgestochert wird. Und auf einmal die Beschimpfung in eine reale Attacke übergeht bis hin zu Tötungen im Affekt. Türkische Jugendliche probieren das aus, wenn sie Deutsche „Schweinefresser" nennen. Auf der andern Seite fühlen sie sich verletzt, wenn ihr Gott und sein Prophet beleidigt werden, wie die gewalttätigen Reaktionen von Muslimen auf die dänischen Mohammed-Karikaturen und das Schmähvideo aus den USA zeigen.

Gehirnforscher haben durch Scans mit Kernspintomografen herausgefunden, dass die Schimpfwörter vor allem im limbischen System, dem walnussgroßen animalischen Zentrum des Gehirns, landen. Hier sitzen unsere Emotionen einschließlich der Kraftausdrücke. Die amerikanischen Neurologen Adam Anderson und Elizabeth Phelps nehmen an, dass Schimpftiraden dann aus Menschen hervorbrechen, wenn die höheren Regionen des Hirns (sprich der präfrontale Cortex) den Emotionsstau im limbischen

System nicht mehr zurückhalten können. Unser Bedürfnis zu fluchen ist so tief in der Architektur unseres Gehirns verankert, dass es die sprachliche Fähigkeit ist, die am längsten erhalten bleibt, hat Timothy Jay in einer Studie über Alzheimerpatienten herausgefunden. Menschen, die an dieser Krankheit leiden, können auch dann noch mit Schimpfwörtern um sich werfen, wenn sie schon lange die Namen ihrer Verwandten vergessen haben und ihr Vokabular massiv eingeschränkt ist. Keine sehr erfreuliche Aussicht, falls einen das mal selbst treffen sollte. Nur mit Flüchen sich von dieser Welt verabschieden, das wäre nicht schön.

Oft sind die Anlässe der Alltagsflüche nichtig. Man hat etwas verlegt und findet es nicht, man stolpert über etwas, ein Teller fällt einem aus der Hand, jemand hupt voreilig im Straßenverkehr, der Computer verweigert einen Befehl. Dergleichen Unglücke und Tücken des Objekts sind alltäglich. Unsere hochtechnisierte Welt, die uns das Leben vielfältig erleichtert, gibt gleichzeitig Anlass, in archaische Verhaltensmuster zurückzufallen. Wie unsere steinzeitlichen Vorfahren durch Fluchhandlungen etwas zu ihren Gunsten beeinflussen wollten, rasten auch wir aus. Ich habe einen Freund, der seinen nicht funktionierenden PC erst verfluchte und dann vor Zorn zu Boden schmiss. Mein Fahrrad habe ich auch schon mal getreten und beschimpft, weil die Bremsen schleiften und ich diesen Fehler nicht beheben konnte.

Vielleicht sollten wir die Anlässe unseres Schimpfens und Fluchens etwas sorgfältiger aussuchen, nicht gleich bei jeder Gelegenheit losdonnern. Das ist weder vornehm noch zivilisiert. Es können uns Schicksalsschläge treffen, die eine Verwünschung und Verfluchung wirklich nötig machen. Eine Verdammung des Namens der Übeltäter zum Beispiel. Ich erinnere nur an die Verbrecher des Nazi-Regimes. Der höchste jüdische Fluch war: Ihrer soll nicht gedacht werden. Ausgetilgt aus dem Gedächtnis wegen ihrer Untaten. Das sind Gegner, für die wir unsere Flüche aufsparen sollten.

Bei der Schriftstellerin Felicitas Hoppe lese ich den Satz: „Nur ein glaubendes Herz versteht sich aufs Fluchen, nur wer glaubt, dass Gott hört, kann ihn bündig verleugnen." (Hoppe, 37)

Der Fluch ist in diesem Verständnis die letzte Möglichkeit, mit etwas Unerträglichem umzugehen. So klagt der Prophet Jeremia, nachdem er misshandelt wurde, über die Last des Prophetenamtes. Er klagt auch Gott an, der ihn zu diesem Amt überredet habe. Mehr noch, Gott habe ihn gewissermaßen genötigt, vergewaltigt. Und dann verflucht er wie Hiob den Tag seiner Geburt. Das kommt einer Verfluchung Gottes nahe.

Unsere Alltagsflucherei, sprich das Schimpfen, ist eine Form der Entlastung. Von existenzieller Wucht sind diese Situationen nicht. Was anderes ist der Fluch als Schrei aus der Tiefe eines gepeinigten Menschenlebens, bei Krankheiten mit großen Schmerzen, in der Folter, angesichts von Katastrophen. Der Hilfeschrei und der Fluch liegen dann nahe beinander. Wir leben in einer friedlichen und zivilisierten Gesellschaft, in der es doch immer wieder Anlässe gibt, im Fluch auf das Schicksal oder für den Glaubenden auf den zulassenden Gott mit der unerträglichen Last des Lebens umzugehen. Ich glaube, Gott kann das aushalten. Was er vielleicht nicht so gut vertragen kann, ist die gedankenlose Alltagsflucherei. „Mensch, reiß dich zusammen", höre ich ihn sagen. Aber ob uns das beim Autofahren oder im häuslichen Alltag hilft – ich weiß es nicht. Vielleicht hilft ein Schild hier und dort: Fluche nur, wenn es dir ganz dreckig geht.

4. Angst, Schrecken, Furcht

a. Zivilisation beginnt mit dem Schrecken

Ein Foto aus den ersten Tagen des 2. Weltkriegs zeigt das vor Schrecken aufgerissene Gesicht der Filmregisseurin Leni Riefenstahl. Sie hatte sich freiwillig zur Kriegspropaganda gemeldet und begleitete mit einem Filmtrupp die deutsche Wehrmacht bei ihrem Angriff auf Polen. Auf diesem Foto ist ihr Gesicht verzerrt, der Mund halb geöffnet in einer Grimasse, die sich als Schrecken und Abwehr deuten lässt. Neben ihr sind die eher gefassten Gesichter von drei Soldaten zu sehen.

Das Foto wurde am 12. September 1939 im polnischen Dorf Konskie aufgenommen. In diesem Dorf wurden vierzig bis fünfzig polnische Juden zusammengetrieben, um auf dem Marktplatz eine Grube für vier angeblich ermordete deutsche Soldaten auszuheben. Bei dieser Tätigkeit wurden sie von aufgebrachten deutschen Soldaten mit Füßen getreten und misshandelt. Nachdem der Ortskommandeur die Soldaten ermahnt hatte, damit aufzuhören, erlaubte er den jüdischen Männern zu gehen. Sie flüchteten in Panik und liefen schreiend auf das Fahrzeug eines Leutnants zu, der gerade auf den Marktplatz fuhr. Dieser eröffnete sofort das Feuer, woraufhin die Soldaten ebenfalls zu schießen begannen. Am Ende waren neunzehn Dorfbewohner tot und acht so schwer verletzt, dass drei von ihnen starben.

Das sieht Leni Riefenstahl und wird dabei von einem Soldaten fotografiert. In der Hamburger Wehrmachtsausstellung wurde dies Foto mit der Unterschrift gezeigt: „Die erschütterte Leni Riefenstahl, Konskie, 12.9.1939".

Im Archiv des Instituts der Nationalen Erinnerung in Warschau heißt die Erklärung: „Leni Riefenstahl fällt beim Anblick der toten Juden in Ohnmacht." Riefenstahl selber erklärt in ihrer Autobiografie, sie sei entsetzt gewesen, weil deutsche Soldaten auf ihre Vorhaltung sich aggressiv gegen sie gewandt hätten. (Sie reiste ab und will sich kurz darauf bei Hitler beschwert haben. Der Leutnant wurde vor ein Kriegsgericht gestellt und zu einem Jahr Gefängnis verurteilt.) Trotz dieser unterschiedlichen Deutungen zeigt dies Foto das eigentlich von jedem Menschen erwartbare Entsetzen angesichts einer schrecklichen Gewalttat. Nicht dass Riefenstahl so reagierte auf das entsetzliche Geschehen, das vor ihren Augen ablief, ist das Besondere, sondern der unbeteiligte Blick der jungen Soldaten. Riefenstahls mimische Reaktion zeigt immerhin, dass die unterschiedslose massenhafte Ermordung von Juden noch Entsetzen auslösen konnte. Etwas später, als das Massenmorden zur Routine wurde, ist gerade das Fehlen dieser auch mimischen Reaktion das Typische. Die Abstellung der erwartbaren Gefühle des Entsetzens und ihres mimischen Ausdrucks wurden normal.

Dieser Ur-Schrecken angesichts des Menschenopfers müsste auch auf den Gesichtern der Menschen aus der Steinzeit ablesbar gewesen sein, die die Tötungen ihrer Stammesgenossen mit ansehen mussten. Sie opferten ihresgleichen, um die zornigen Götter zu besänftigen. Sie töteten einen aus ihrer Mitte, um mit dem Trauma des Naturschreckens, mit Erdbeben, Vulkanausbrüchen und übermächtigem Fressfeind durch rituelle Wiederholung umgehen zu können. Verschiedene antike Texte erzählen davon, genannt seien nur die Opferung Isaaks, Iphigenies und der Tochter Jephtahs. Texte und Ausgrabungen belegen die Menschenopfer besonders der Phönizier und Kathargenser, die in Krisensituationen vor allem Kinder opferten. Auch die Könige Israels griffen zu diesem verzweifelten Mittel, um das Unheil abzuwenden. Tieropfer lösten dann die Menschenopfer ab. Dennoch: Mit der Erfindung von Opferritualen und der Errichtung von ausgegrenzten Opferräumen beginnt nach Christoph Türcke Zivilisation, der Prozess der Umkehrung des Schreckens durch Wiederholung. Hier zeigt sich, paradox genug, „ein erster Schimmer von Humanität" (Türcke, 63). Im Opfer versetzt sich das Kollektiv, das sich auf das Ungeheuerliche einer Opferung einlässt, in einen besonderen Zustand, in dem es seiner Tat gewachsen ist, das heißt in einen Zustand des Taumels und des Rausches. Auch die Entstehung von Schrift und Wort hängt mit der Umkehrung des Schreckens zusammen. Wie Ex 19 und 20 zeigen, bekommt bei der Offenbarung der Gesetzesworte Gottes am Sinai das Volk nur Blitz und Donner, Rauch und Hörnerschall mit. Es ist in Schrecken versetzt, den Mose in Worte fassen soll. Das Wort geht aus der Erschütterung hervor. Sie ist die treibende Kraft der Lautformung, was Türcke an einer brillanten Auslegung von scham (=da) und schem

(=Name) zeigt. Und so weiter – am Anfang der Musik steht das „gemeinsame Überschreien des schreienden Opfers" (Türcke, 175) durch das zum Chor sich zusammennehmende opfernde Kollektiv. „Erst durch die Gutheißung des Schreckens ist Sinn die Welt gekommen" (Türcke, 186). Das Heilige ist der benannte Schrecken. Indem das Opfer sakralisiert wird, unterbricht es den Gewaltkreislauf, sagt Rene Girard. Selbst das Opfer Christi, das alle Opfer beenden soll, gehorcht noch dieser Logik und drängt nach seiner unblutigen Wiederholung im Abendmahl.

Eine Gesellschaft, die einigermaßen zivilisiert ist und gegen Katastrophen alle erdenklichen Schutzmaßnahmen aufgebaut hat, ist deswegen so konsterniert, wenn der Schrecken als Erdbeben, Überschwemmung, Vulkanausbruch, Verkehrskatastrophe wie die Flugzeugabstürze und Kriegsschrecken über sie hereinbricht. Die ins individuelle wie ins kollektive Gedächtnis tief eingegrabene Schreckenserfahrung der jüngsten Geschichte ist Nine Eleven – der Terroranschlag auf die Twin Towers am 11. September 2001. Alle konnten es am Fernseher mitverfolgen, wie die beiden Flugzeuge in die Wolkenkratzer rasten, wie die Türme brannten, wie Menschen in ihrer Angst von den Türmen in die Tiefe sprangen, wie beide Türme schließlich nacheinander zusammenbrachen, wie die Menschen in den Straßen New Yorks in Panik davonrannten. Es war ein Schock für die westliche Welt, vergleichbar nur dem Überfall der Japaner auf Pearl Harbour. Den Anschlag vom 11. September 2001 kommentierte die BILD mit der Schlagzeile: GROSSER GOTT, STEH UNS BEI! Jenem Schrecken, der über die zivilisierte Welt mit der Zerstörung der die Twin Towers hereingebrochen war, konnte nur mit der Anrufung des Höchsten begegnet werden. Im Inferno des Anschlags rief es in babylonischer Sprachvielfalt zu Gott um Beistand in den letzten Minuten und Sekunden des Lebens. Christen, Moslems, Juden, Atheisten schrieen zu Gott. Und wir als Zuschauer vor den Fernsehschirmen schrieen mit den Opfern und konnten doch nicht helfen. Insofern war die Schlagzeile so etwas wie ein kollektiver Aufschrei und Gebetsruf. GROSSER GOTT, STEH UNS BEI! Anders gesagt: Steh einer zerrissenen und hilflosen Welt bei! Danach suchten viele Menschen Zuflucht in den Häusern Gottes angesichts ihrer Unruhe und Angst. Gebete stiegen zu Gott auf, aber nicht nur hier – auch im stillen Kämmerlein, in Sportstadien, in den Medien. Die USA vergewisserten sich in einer großen multireligiös gestalteten Trauerfeier (im Yankeestadion) ihrer Erwählung durch Gott.

b. Die Rolle der Angst
in der Evolution des Menschen

Angst gehört zu den Grundgefühlen des Menschen. Angst ist deshalb ein wichtiger Faktor der Evolution. Im richtigen Moment die richtige Angst zu haben befördert die Chancen des Menschen, im Lebenskampf zu überleben. Ein Kinderbuch meiner Enkel, *He Duda,* erzählt folgende Geschichte: Ein Kaninchen namens He Duda, das nicht recht weiß, was es ist und wozu seine großen Füße da sind, befragt alle möglichen Tiere und probiert ihre Lebensweise aus, bis es schließlich dem Wiesel Lange Luda begegnet. Vertrauensvoll nähert es sich ihm und wird schon fast gefressen, als He Duda endlich kapiert, dass das ein Fressgegner ist, die notwendige Angst bekommt und mit seinen großen Füßen Reißaus nimmt.

Angst ist eine Grundbefindlichkeit des Menschen. In einer ungesicherten, von Gefahren umstellten Welt muss er Wege aus der Angst finden. Man kann das biologisch-neurobiologisch erklären, wie es Gerald Hüther in *Biologie der Angst – Wie aus Stress Gefühle werden* tut. In der Evolution der Tiere und Menschen führten neue Bedrohungen zum Dauerstress. Dieser konnte zum Untergang führen, entweder zum Tod durch stressbedingte Erkrankungen oder durch stressbedingte Unfruchtbarkeit. Das Paradebeispiel dafür sind die Saurier. Eine Ausnahme bilden die Riesenechsen auf den Galapagosinseln, die eine Nische fanden, um dort mit ihren begrenzten Gehirnprogrammen zu überleben. Unsere Vorfahren, so Hüther, aber mussten die Verschaltungen der Nervenzellen in ihren Gehirnen komplexer machen, um auf die vielschichtigeren Änderungen ihrer Lebenswelt reagieren zu können. „Unser großes, lernfähiges Gehirn ist also auf einem unvorstellbar langen Weg entstanden, der von der Angst und dem Leid all derer gekennzeichnet ist, die sich vergeblich bemüht haben, in einer sich ständig verändernden Welt zu überleben. Jeder kleine Schritt, den unsere entfernten Ahnen auf diesem Weg vorangekommen sind, haben jene erst mit Dauerstress und dann mit ihrem Leben bezahlt." (Hüther, 24)

Dieser Gedanke ist bemerkenswert – uns bestimmen nicht nur die Traumatisierungen unserer Eltern, sondern die all unserer Vorfahren.

Das Gehirn produziert bei Gefahr bestimmte Signalstoffe, die in das Blut abgegeben werden und über die Nebennieren eine hormonelle Reaktion provozierten, eben den Stress, der die letzten Reserven des Körpers zum Überleben mobilisiert. Angst ist der Auslöser der Stressreaktion. Eine schwere Prüfung, eine plötzliche Krankheit, ein Verlassenwerden kann diese Angst hervorrufen. Die Alarmglocken läuten, wir bedenken die vielen Möglichkeiten des Handelns, langsam beginnt sich eine Option als die richtige, Angst regulierende herauszuschälen. Wir können die Stressreaktion kontrollieren. Aus der Angst wird wieder Zuversicht und Mut. Es gibt aber, so die Hirnforscher, auch die andere Möglichkeit der unkontrollierbaren Reaktion. Angstschweiß tropft von der Stirn, im Gehirn ist der Teufel los. Ein Stresshormon namens Kortisol wird ausgeschüttet, das weiterreichende Wirkungen hat als Adrenalin. Aus Angst wird Verzweiflung, Ohnmacht und Hilflosigkeit, oft auch Wut. Wir fühlen uns elend und unglücklich, schlafen schlecht und wachen am nächsten Morgen mit einem ähnlich unguten Gefühl auf. Es sind bezeichnenderweise beim Menschen soziale Faktoren wie Trennung und Verlust eines nahen Menschen, die diese unkontrollierbare Angst und Verzweiflung auslösen. Das kann bis zur Selbstaufgabe gehen. Was den Menschen vom Tier unterscheidet, Gruppentiere wie Schweine haben ja bei ihrer Trennung von der Herde auch massive Ängste, ist die Möglichkeit, sich vorzustellen, welche Bedrohungen bei ihm eine Stressreaktion auslösen können. Das geschieht in Fantasien, aber auch in Schreckensträumen, aus denen er schweißgebadet aufwacht und froh ist, dass es nur ein Albtraum war. Die Beliebtheit von Horror- und Science-Fiction-Filmen liegt darin begründet, dass die gezeigten Bedrohungen nur Fiktion sind, die wir im Kinosaal lustvoll erschrocken genießen können. Draußen stehen keine Aliens, aber möglicherweise ein paar Skins, die einem Schläge androhen. Das Schlimmste vermag der Mensch sich manchmal nicht vorzustellen. So konnten die Juden in Deutschland sich in der Nazi-Zeit oft nicht vorstellen, was das gebildete Volk der Deutschen ihnen Schreckliches antun würde.

Ängste werden auch verdrängt, denn ständig verfolgt von Ängsten könnte man seines Lebens nicht froh werden. Jungen müssen schon von früh an Ängste abwehren bzw. durch bestimmte Strategien beherrschen lernen. Man klettert dann eben auf den Baum, vor dem man Angst hat. Die Erfahrung, es zu schaffen, baut Angst ab und wandelt sich in die Herausforderung, es auf noch höhere Bäume zu schaffen. In einer Gesellschaft, in der die basalen Gefahren (Kriege, böse Feinde, Katastrophen) geringer worden sind, sucht man dann in Extremsportarten diese Herausforderung.

Der Gegensatz von Angst ist Vertrauen. Im wissenschaftlich-technischen Zeitalter liefern wir uns Maschinen aus, die unsere natürlichen Kräfte weit übersteigen. Ohne Vertrauen könnten wir keinen Zug und kein Flugzeug besteigen, nicht schwierige Operationen über uns ergehen lassen, nicht in fremden Restaurants essen gehen.

Bedenkenswert ist die Rolle des Christentums bei der Bannung von Angst und dem Umgang mit Stresssituationen. „In der Welt habt ihr Angst, aber seid getrost, ich habe die Welt überwunden", sagt der johanneische Christus (Joh 16,33). Seine Abschiedsreden sind Trostreden für Verängstigte. An Gott zu glauben heißt damit zu rechnen, dass das Vertrauen stärker ist als die Angst. Vertrauen auf Gott kann Angst bannen. Auch der Glaube ist ein Botenstoff, der hilft, Angstgefühle zu kontrollieren und Weltvertrauen zu entwickeln. Glauben heißt unter Beziehung auf eine letzte Wirklichkeit, Gott, dem Leben zu vertrauen. Der Theologe Paul Tillich nennt dieses Vertrauen den „Mut zum Sein".

Eine Urfigur des Vertrauens ist Abraham. Zu diesem Abraham aus Ur in Chaldäa spricht Gott, der Herr: „Geh aus deinem Vaterland und von deiner Verwandtschaft und aus deines Vaters Haus in ein Land, das ich dir zeigen werde. Und ich will dich zum großen Volk machen und will dich segnen …" (1. Mose 12,1 ff.). Eine verrückte Verheißung. Ein kleiner südarabischer Herdenbesitzer als Stammvater eines großen Volks. Unmöglich. Abraham aber vertraut der Stimme, die so zu ihm spricht. Doch manchmal war das Vertrauen auf die göttliche Führung doch nicht so stark, erzählt die Bibel. Während einer Hungersnot muss Abraham mit seiner Frau Sara nach Ägypten ziehen (1. Mose 12,10 ff.). Weil Sara sehr schön ist und er die Willkür der Mächtigen im fremden Land fürchtet (sie könnten ihn töten, um an seine Frau zu kommen), gibt er Sara als seine Schwester aus. Eine Notlüge, die dann doch aufgedeckt wird, weil am Hofe des Pharao, der Sara zur Frau genommen hat, eine Krankheit ausbricht. Die Sache geht für Abraham glimpflich aus. Wir lernen daraus, mit dem Vertrauen war es zur damaligen Zeit eine schwierige Sache. Kann Abraham den Menschen, die ihm begegnen, vertrauen, dass sie ihm nicht nach Leib und Leben trachten? Auch wer so vorbehaltlos auf Gott vertraute und unter seinem Schutz stand, konnte nicht damit rechnen, dass seine Mitmenschen dies wussten und seine Person achteten. Was ich damit sagen will: Das Vertrauen auf den Schutz vor den Mitmenschen ist eher eine Erfindung der Moderne. Die Tatsache, dass meine Rechte und Interessen durch das Gesetz, die Polizei und den Staat geschützt sind, macht es mir viel leichter, jemandem zu vertrauen, den ich nicht kenne. Ich darf darauf vertrauen, dass ich morgens, wenn ich aus der Haustür trete, nicht gleich einen über den Kopf gezogen bekomme. Strafbewehrte Gesetze sichern dies Grundvertrauen in einen gewaltarmen Alltag. Abraham hätte, lebte er im 21. Jahrhundert, darauf vertrauen können, dass man ihm seine Frau bei einer Reise nach Frankreich nicht wegnimmt, weil Staatspräsident Hollande ein Auge auf sie geworfen hat. Natürlich kann ich mir nicht absolut sicher sein, dass der Fisch im Restaurant ganz frisch ist. Aber ich vertraue darauf, dass der Koch seine Arbeit ordentlich erledigt, so wie ich die meine. Denn würde Gästen häufiger schlecht, würde das Ansehen seines Restaurants darunter leiden. Ohne Vertrauen in die Mitmenschen könnten wir nicht einigermaßen gedeihlich und angstfrei leben. Ein Rest von Unsicherheit aber bleibt. Ja, in der globalisierten komplexen Welt haben die Risiken durch ständige technische Innovationen und unabgestimmte Handlungsketten erheblich zugenommen. Mag sein, dass deswegen das abrahamitische Vertrauen auf Gottes Führung oder, nichtreligiös gesagt, auf ein Geborgen- und Geführtsein wieder stärker werden wird.

c. Angstreaktionen heute

Leben wir in einer Gesellschaft der Angst?

70 Jahre nach Kriegsende – nach 50 Jahren Wirtschaftswunder, Sicherheit garantierendem Sozialstaat und weitgehender Vollbeschäftigung – scheint die Angst massiv in die Gesellschaft zurückgekehrt zu sein. So massiv, dass der Soziologe Heinz Bude in seinem Buch *Gesellschaft der Angst* behauptet, Angst sei ein Thema, das alle angeht. Angst kennt keine sozialen Grenzen: „Der Hochfrequenzhändler vor dem Bildschirm gerät genauso in Angstzustände wie der Paketzusteller auf der Rücktour zur Sammelstelle; die Anästhesistin beim Abholen ihrer Kinder aus dem Kindergarten genauso wie das Model beim Blick in den Spiegel." Die Ängste seien zahlreich. „Schulängste, Höhenängste, Verarmungsängste, Herzängste, Terrorängste, Abstiegsängste, Bindungsängste, Inflationsängste" (Bude, 12). Über ihre Ängste können ganz unterschiedliche Menschen miteinander re-

den. In Begriffen der Angst verständigen sich Menschen über den Zustand ihres Zusammenlebens, meint Bude. Das mag theoretisch stimmen, zumindest der Soziologe Bude bringt die unterschiedlichen Ängste der verschiedenen Gruppen in seinem Buch ins Gespräch. Aber dass man über die eigenen Ängste miteinander redet, stimmt das? Gerade die Pegida-Bewegung zeigt, dass dieses Gespräch nicht stattfindet. Man demonstriert und ist unter sich, auch in der Gegendemonstration. Weil die Gesellschaft ohnehin getrennt ist (und zwar differenzierter als nur in arm und reich), man in verschiedenen Vierteln lebt, die Kinder auf unterschiedliche Schulen schickt, in unterschiedlichen Einkommenssegmenten sich einrichten muss, in verschiedene Restaurants geht, findet das Gespräch nicht mehr statt. Selbst im öffentlichen Nahverkehr kommt es zu keiner richtigen Mischung. Fährt man zusammen, schweigt man sich an. Verwundert oder verunsichert notiert der eingeborene Hamburger, wie „überfremdet" seine Stadt schon ist. Oder positiv ausgedrückt: wie „bunt" sie ist. Welche Sprachenvielfalt hier herrscht. Wie viele neue Glaubensgemeinschaften es gibt (s. den *Hamburger Religionsatlas*, der schon in 90er-Jahren des letzten Jahrhunderts 120 verschiedene Religionen und Denominationen ausmachte). Auch über die jeweilige Angst verständigt man sich nur untereinander in gesellschaftlich homogenen Gruppen. Falls das gegenseitige Bestätigen von Angst und Vorurteilen zur brisanten Mischung wird, entlädt es sich in uniformen Demos – die einen warnen vor einer Islamisierung Europas und meinen alle möglichen verschiedenen Ängste damit, nicht nur vor der Einwanderung von zu vielen Muslimen, sondern auch vor der Maut, den Steuern, zu wenig Polizei, schlechten Schulen. Die anderen demonstrieren gegen die fremdenfeindliche Propaganda von Pegida. Aber das Gespräch findet nicht mehr statt; immerhin kommt es zu einem friedlichen Wettbewerb von Demonstrationen.

Heutige Angsterfahrungen in Wohlstandsgesellschaften sehen eher wie Luxusängste aus. Es ist weniger eine Gesellschaft der Angst als eine Gesellschaft der Befürchtungen saturierter, intellektuell beschränkter Wohlstandsbürger, die mit ihren Ängsten vor Überfremdung nicht umgehen können. Wenn Bude Präsident Roosevelts Inaugurationsrede vom 3. März 1933 zitiert, in der dieser nach den schrecklichen Jahren der Großen Depression den Amerikanern eine neue Politik ankündigt mit dem Versprechen, ihr braucht keine Angst zu haben, der Wohlfahrtsstaat beseitigt die

Ursachen eurer Ängste, er nimmt euch die Angst vor Arbeitsunfähigkeit, Arbeitslosigkeit und Altersarmut, so zeigt sich darin der große Unterschied zu heute. Wer die Bilder von Menschen in der Großen Depression sieht, etwa auf den Fotografien von Walker Evans, der muss sagen, dass wir verglichen damit auf einer Insel der Seligen leben. Evans zeigt verzweifelte und lethargische Menschen vor ihren Hütten, in der U-Bahn, im Auto. Amerika erkennt sich in den Bildern wieder. Diese Angst ist auch auf den Gesichtern der Millionen Arbeitslosen am Ende der Weimarer Republik zu erkennen.

Aber was sieht man heute auf den Bildern von Pegida-Demonstranten in Dresden, Leipzig und Köln? Gut angezogene, fremdenfeindlich orientierte Kleinbürger, die vorübergehend massenweise Leute ansprachen, die sich von der etablierten Politik wie den Medien verlassen fühlten und an allem herummeckerten, was ihnen nicht passte, eben das Wählerpotenzial der AfD. Menschen mit Vorurteilen und Klischees, die sie bei einigem Nachdenken und gelungenen Kontakten mit der Mehrzahl integrierter Moslems als falsch erkennen könnten. Aber eben eine Untergruppe der Zivilgesellschaft, so wie vor Jahren die Stuttgart 21-Gegner (so Geiges/Marg/Walter in ihrem Buch *Pegida – Die schmutzige Seite der Zivilgesellschaft*).

Sicher hat Bude Recht, wenn er sagt, die Angst der Mittelschicht sei eben auch Angst. Bude setzt aber diese sog. prekären Entwicklungen, er spricht sogar von „vulnerablen Karrieren" (Bude, 69), nicht in Beziehung zu dem, was man „das gute Leben" nennt. Können die Gewinneinbußen der oberen Mittelschicht wirklich existenzbedrohend sein? Sicher können sie es in Ausnahmefällen, weil die Ansprüche gestiegen sind. (Solch eine Anspruchsangst schildert John Lanchester in seinem Roman *Kapital* am Beispiel eines Aktienhändlers, der seine nähere Zukunft auf den zu erwartenden Bonus von einer Million Pfund aufbaut und zusammenbricht, als er diesen nicht erhält. Aber das ist Fiktion.)

Müssten wir nicht zwischen Realangst und eingebildeter Angst unterscheiden?! So wie in Molieres gleichnamiger Komödie *Der eingebildete Kranke* seine kleinsten Wehwehchen zu lebensbedrohlichen Krankheiten aufbauscht, führt auch das Gerede und Analysieren der Feuilletonisten und Kommentatoren zu eingebildeten Krankheiten. Man glaubt schließlich an dem zu leiden, was einem die Diagnostiker klug und geistreich einreden.

Also noch einmal: Müssten wir nicht eher von einer „Gesellschaft der Befürchtungen" reden? Denn die Statuspanik in der gesellschaftlichen Mitte ist etwas anderes als die reale Angst des wachsenden Dienstleistungsproletariats und der prekär Beschäftigten, mit dem Lohn nicht über die Runden zu kommen bzw. so viel arbeiten zu müssen, dass das Familiäre und Soziale zu kurz kommen. Sie ist etwas anderes als die Angst der Leiharbeiter und Mini-Jobber, deren Recht auf einen Mindestlohn auch nach dem Inkrafttreten des Gesetzes zum Mindestlohn von findigen Unternehmern häufig unterlaufen wird.

d. Aufbewahrt im ästhetischen Schrecken der Musik

Die Angst vor dem Jüngsten Gericht

„Tag der Schrecken, Tag der Sünden, wird das Weltall sich entzünden" – so beginnt die Schilderung des Jüngsten Gerichts im *Dies Irae* der katholischen Totenmesse. Eine ihrer eindrücklichsten Vertonungen stammt von Giuseppe Verdi, 1874 in Mailand zum einjährigen Todestag des italienischen Nationaldichters Alessandro Manzoni uraufgeführt. Mit vier g-moll-Schlägen im Orchester und Schreckens-Schreien im Chor wird eine angstvolle Gerichtsszene beschworen. Wenn die Posaunen des Gerichts von vier Seiten des Konzertsaals erschallen und das Buch aufgeschlagen wird, kann der Einzelne nur ausrufen: „Weh, was werd ich Armer sagen? Welchen Anwalt mir erfragen, wenn Gerechte selbst verzagen?"

Der Zuhörer ist von dieser in Musik gesetzten Strafangst erschüttert und fragt sich auf dem Heimweg vielleicht: Kann ich am Ende meines Lebens sagen, ich habe richtig gelebt? Er hat aber keine Real-Angst mehr vor dem, was im *Dies Irae* und in den Bildern des Jüngsten Gerichts so dramatisch geschildert wird. Er kann den Schauder musikalisch genießen, weil die Angst verschwunden ist. Kaum jemand rechnet noch damit, in persona vor dem Jüngsten Gericht Gottes erscheinen zu müssen, dem in der Geschichte der Christenheit die Abrechnung am Ende der Zeit mit einem strengen Jesus als Weltenrichter anvertraut wurde.

Wo ist die Angst vor dem Jüngsten Gericht geblieben? Sie bezieht sich heute nicht auf das Ende der Welt, sondern auf das persönliche Ende des Lebens. Angst vor tödlichen Krankheiten und unvorhersehbaren Katastrophen, die viele ins Verderben reißen, herrscht heute vor. Nicht Höllenangst, sondern Lebensangst ist das, was uns umtreibt. Ich frage dennoch:

- Sollte es nicht doch, bildlich gesprochen, „noch ein bisschen in der Hölle brennen"?
- Hat nicht die Angst vor dem Gericht die Menschen lange Zeit dazu gebracht, weniger Böses zu tun?
- Ist der Verlust der Gerichtsangst ein Grund für die seit der Aufklärung und dem Siegeszug von Technik und Wissenschaft rapide gewachsene Verantwortungslosigkeit im Umgang mit der Schöpfung und ihren Lebensgrundlagen?
- Oder auch für die individuelle Verantwortungslosigkeit, die „das Leben als letzte Gelegenheit" (Marianne Gronemeyer) betrachtet, aus dem es herauszuholen gilt, was möglich ist, weil über das Jenseits nichts Gewisses gesagt werden kann?

Immer noch Ausbeutung der Menschengeschwister, die Suche nach dem eigenen Vorteil, Betrug und Kriminalität! Keine Berufsgruppe bis hin zu den hoch angesehenen Ärzten, die nicht ihre schwarzen Schafe hat. Gefälschte Abrechnungen, gepantschter Wein, verdorbenes Fleisch, tödliches Speiseöl. Ganz zu schweigen von den Kriegsverbrechern aus dem ehemaligen Jugoslawien, die noch frei herumlaufen. „Wir stehen zu dir bis zum Tod oder zum Jüngsten Gericht, Bruder Radovan", lauteten Sympathiebekundungen für den lange als Kriegsverbrecher gesuchten Karadžić.

Wäre nicht ein bisschen mehr Angst vor dem Faktor Endgericht angemessen als Ergänzung zur Angst vor der irdischen Gerechtigkeit, die nicht oder selten greift (etwa bei den Steuer- oder Verkehrssünden)? Denn Angst gemacht hat und moralisch geschichtswirksam geworden ist nicht der Gedanke des innerweltlichen Gerichts in der Entscheidung für oder gegen Christus, sondern das Endgericht nach den Werken. Das fängt bereits an mit der Erzählung vom Menschensohn, der zum Weltgericht erscheint. Im Matthäusevangelium im 25. Kapitel wird sie erzählt. Eine Erzählung, die Mut machen soll zum barmherzigen Handeln an den Hungrigen, Gefangenen und Unrecht Leidenden, die im Bettler am Weg den anonymen

Christus, den Weltenrichter sehen lehrt, wird zum Prototyp des Endgerichts, in dem Christus als der Weltenherrscher die Schafe von den Böcken scheidet. Ohne jedes Mitleid spricht er, und die Worte ziehen sich bis heute Angst erregend durch die Darstellung des Jüngsten Gerichts: „Geht weg von mir, ihr Verfluchten, in das ewige Feuer, das dem Teufel und seinen Engeln bereitet ist. Denn ich bin hungrig gewesen und ihr habt mir nicht zu essen gegeben …" Wie gesagt, das ist eine Erzählung und keine Dogmatik. Die wurde erst später im Frühmittelalter, angefangen bei Tertullian mit seiner Rachefantasie *De spectaculis*, daraus gemacht. Der Kirchenvater beschreibt darin genussvoll, welche Schrecken die Feinde des Christentums erwarten.

Nun hat der Gedanke des Endgerichts bei allen neurotischen, Angst machenden Begleiterscheinungen doch einen wichtigen Kern der Gewissensbildung gehabt. Es ist der Gedanke der Verantwortung für die eigenen Taten, der tief in der religiösen Menschheitsgeschichte verankert ist. Was der Mensch getan oder unterlassen hat, steht seit dem ägyptischen Totengericht des Osiris im Buch des Lebens geschrieben. Dieses Buch wird beim Endgericht aufgeschlagen, so erzählt es auch das *Dies Irae* des Requiems: „Liber scriptus proferetur."

Das ist eine alte Vorstellung, die aber auch heute noch aktuell sein kann. Was im Buch des Lebens geschrieben steht, also was ich getan oder unterlassen habe, so der jüdische Philosoph Hans Jonas in *Der Gottesbegriff nach Auschwitz*, das hat vor allem Einfluss auf den Zustand Gottes, der mit dem Weltprozess identisch ist. Meine Taten zählen. Jedes Menschenleben, das gerettet wird, rettet das Bild Gottes in der Welt, sorgt dafür, dass der verstörte Gott sich nicht noch weiter zurückzieht (Jonas, 46 f.). Das kann und darf in einem Verständnis symbolischer Wahrheit des Jüngsten Gerichts erzählt werden.

Mit der Aufklärung ist das Jüngste Gericht einer radikalen Kritik unterzogen worden. Offiziell weiter bekannt, wird es existenziell irrelevant. Der Mensch nimmt seine Geschichte selbst in die Hand. Er braucht keinen göttlichen Vormund mehr. Eine Antwort auf das Verschwinden des göttlichen Endgerichts ist die Schillersche Formel „Die Weltgeschichte ist das Weltgericht" im Gedicht *Resignation*. Das war ungefähr zu der Zeit, als die französische Revolution das Gericht über die Adelsherrschaft vollzog. Bei Hegel ist es der Weltgeist (etwa in Gestalt Napoleons hoch zu Pferde), der den Fortschritt vollzieht.

Die Kirche hat aber in ihren allgemeinen Kirchengebeten weiter am in geschichtlichen Ereignissen wie Krieg und Katastrophen handelnden Gott festgehalten. Gott schickt sie als Strafe für die Sünden seines Volks, nimmt sie von ihm nach Akten der Buße. Diese Deutung führte oft dazu, die menschlichen Ursachen solcher Katastrophen zu vernachlässigen. Selbst die ungeheuer krisenhafte Zuspitzung der Weltgeschichte mit zwei Weltkriegen in einem „Jahrhundert der Extreme" (Hobsbawn) hat Theologie und Kirche nicht davon abgebracht, in den Krisen und Kriegen weiter das Gericht Gottes zu sehen. (Diese Deutung konnte in Einzelfällen, so beim Lübecker Pastor Stellbrink, der die alliierten Bombenangriffe auf die Hansestadt an Palmarum 1942 als Gericht Gottes bezeichnete und deswegen 1943 in Hamburg hingerichtet wurde, ihre Gewissen schärfende Kraft beweisen.) Doch ist die geschichtstheologische bzw. pädagogische Deutung politischer Krisen mit der Massenvernichtung im 2. Weltkrieg und vor allem mit Auschwitz eindeutig an ihr Ende gekommen.

Die Untaten von Völkermord und ethnischer Säuberung unterliegen seit der UN-Konvention über den Völkermord von 1948 irdischer Gerichtsbarkeit. Die Nürnberger Kriegsverbrecherprozesse waren der erste Versuch, die Verantwortlichen zur Rechenschaft zu ziehen (sofern sie sich durch Selbstmord und Flucht nicht entziehen konnten).

Sehr viel später hat der Frankfurter Auschwitzprozess versucht, die vielen mittleren und kleinen am Massenmord Beteiligten, die sich auf Befehlsnotstand beriefen, zu verurteilen, was nur begrenzt gelang. Immer wieder hört man von an Nazi-Verbrechen Beteiligten, die in hohem Alter an einem zurückgezogenen Ort gestorben sind, weil die Justiz ihrer nicht habhaft werden konnte.

Heute versucht das Den Haager Kriegsverbrechertribunal das mühsame Geschäft der juristischen Aufarbeitung der Balkankriege der 90er-Jahre und anderer Kriege zu betreiben, indem es die Hauptschuldigen zur Verantwortung zieht. Kann es hier Gerechtigkeit geben? Milošević starb vor seiner Verurteilung. Der serbische General Karadžić, verantwortlich für das Massaker in Srebrenica, entzog sich lange erfolgreich der Festnahme. Das Den Haager Gericht stellte im Februar 2007 die Mitschuld Serbiens am Massaker von Srebrenica fest, ohne eine direkte Schuld erkennen zu können. Damit wies das Gericht die Klage Bosnien-Herzegowinas auf Reparationszahlungen in Höhe von 100 Mrd. Dollar zurück.

Was ist mit den Opfern der NATO-Bombenangriffe im Kosovokrieg, fragten die Angehörigen? Die irdische Gerichtsbarkeit bleibt zwangsläufig lückenhaft. „Weltgericht nimmt Arbeit auf", so die *taz* am 10.11.2006 ein wenig ironisch zum gegen den Milizenchef Lubanga beginnenden Prozess in Den Haag, der wegen des Einsatzes von Kindersoldaten im Kongo angeklagt wurde. Angesichts dieser ungenügenden Rechtsprechung müsste man eigentlich am Gedanken des Jüngsten Gerichts festhalten. Aber die Angst vor dem Jüngsten Gericht ist nur noch in der Malerei und in der Musik des Requiems präsent. Hätte sie Milošević erschüttert?

Könnte Benjamin Brittens *War Requiem* – komponiert anlässlich der Einweihung des Neubaus der im 2. Weltkrieg von der deutschen Luftwaffe zerstörten Kathedrale von Conventry am 30. Mai 1962 – Regierende vom Kriegführen abbringen? Es ist ein Werk gegen den Krieg nach zwei schrecklichen Weltkriegen; es tritt für die Versöhnung der ehemals Verfeindeten ein. Die Kathedrale war schon bald nach dem Krieg als Ort des Versöhnungsgebets von Coventry, in dem „um göttliche Vergebung für den Hass, der Nation von Nation trennt", gebetet wurde, ein Ort versöhnenden Handelns. Und so verstand auch Britten sein Werk. Deswegen hat er es bewusst von Solisten aus England, der UdSSR und Deutschland uraufführen lassen. Britten verbindet den lateinischen Requiemstext mit Gedichten des im 1. Weltkrieg gefallenen Dichters Wilfred Owen. Es sind Texte, die erfüllt sind von Bitterkeit, Ironie und tiefer Enttäuschung über das Versagen der christlichen Zivilisation und vom Schmerz über die geopferte Jugend Europas.

Durch dieses Verfahren kann der Komponist die apokalyptischen Visionen der religiösen Fantasie direkt in die Gegenwart hineinstellen, ohne agitatorisch zu werden. Die Schrecken des *dies irae* werden unmittelbar mit denen des modernen Krieges verbunden. Das *Lacrymosa* löst die schmerzliche Klage um die Gefallenen aus. Die Erinnerung an Abraham beschwört die furchtbare Vision des Dichters vom Zerrbild des starrsinnigen Alten herauf, der starrköpfig sich weigert, den Widder des Stolzes zu opfern, und stattdessen den eigenen Sohn und mit ihm die halbe Jugend Europas tötet. Das *Libera me* schließlich verbindet Britten mit der seltsamen Begegnung des Gefallenen mit dem Feind, den er getötet hat, vereint im Wunsch „Let us sleep now", aufgenommen im lateinischen *Requiem eternam dona eis*. Über einem liegenden Moll-Akkord des Kammerorchesters nur von einzelnen Sekundakkorden akzentuiert und später mit fernen Anklängen der Fanfaren und Märsche durchsetzt, geschieht diese Begegnung der ehemaligen Feinde, die in ein einfaches Schlummerlied in reinem A-Dur der Knabenstimmen mündet. Eine Stelle von solcher Wirkung, dass sich ihr kaum ein Hörer entziehen kann. Wie immer in großer Kunst stehen die im Leben tragisch Scheiternden, Leidenden und Gemordeten in der Musik auf. Hier gibt es jetzt schon die Hoffnung auf die Wiederbringung aller, die letztlich die tiefste religiöse Hoffnung ist.

Britten hat damit etwas vorweggenommen, was in der Theologie seit 15 Jahren diskutiert wird – der Widerspruch gegen den doppelten Ausgang des Jüngsten Gerichts. Nicht die Scheidung der Menschen in zwei Gruppen, sondern die Ausrichtung aller auf die Gemeinschaft mit Gott ist der Sinn des Gerichts. Im Gericht wird jedem Menschen vor Augen gestellt, was er den anderen an Bösem angetan hat, was er an möglichem Guten unterlassen hat. Schmerzlich werden die Täter mit ihren Untaten konfrontiert. Das Jüngste Gericht „führt mit den Opfern auch die Täter, gerade indem es ihre wohlverdiente Schande offenbart, der Heilung entgegen" (Eberhard Jüngel).

Es ist so gesehen ein letzter Täter-Opfer-Ausgleich, eine eschatologische Therapie. Damit wird der von der Kirche verworfene Gedanke des Origenes von der Wiederbringung aller aufgenommen, ohne das Leiden der Opfer in einer Allversöhnung untergehen zu lassen.

5. Mitgefühl, Mitleid, Empathie

a. Quäle nie ein Tier zum Scherz

Kindheitserfahrungen

„Quäle nie ein Tier zum Scherz, denn es fühlt wie du den Schmerz." Dieser Spruch wurde mir früh beigebracht, ohne dass ich ihn immer beherzigt hätte. Kinder sind auch Experimentatoren, verletzen Tiere, um zu sehen, was passiert. Kinder sind kleine Jäger, die erst danach begreifen, was sie angerichtet haben.

Ich erinnere mich, dass ich mit meinem selbst gefertigten kleinen Katapult als Zehnjähriger Jagd auf Spatzen machte. In der Regel schoss ich daneben. Aber einmal traf ich von meinem Fensterplatz aus ein Spätzchen, das nicht weit entfernt auf einem Ast des Apfelbaums saß. Es breitete die Flügel aus und fiel langsam zur Erde, wo es liegen blieb. Ich ging nach draußen und sah es mir an. Es war tot. Ich war betroffen und habe es schuldbewusst beerdigt. Ich hatte mitleidlos getötet.

Ich kannte als Zehnjähriger natürlich noch nicht den Spruch von Albert Schweitzer. „Ich bin Leben, das leben will, inmitten von Leben, das leben will." Aber ich hatte etwas davon gespürt. Hatte es auch darin gespürt, dass ich zwei Jahre später einen von einer Wildschweinbrache verlassenen Frischling, den unser Nachbar, ein Wildhüter, aus dem Wald mitgebracht hatte, hingebungsvoll mit der Flasche aufzog und darüber für den *Tierfreund* einen kleinen Artikel verfasste.

Ich wurde selber ein Tierfreund und verteidigte meine Katzen gegen Nachstellungen durch den Nachbarn.

Aber es ist eine Ambivalenz da – Vergnügen am Leiden von Tieren und Abscheu davor zugleich.

b. „Du bist ein Gott, der mich sieht"

Barmherziger Gott und Mensch
im sozialen Prozess der Humanisierung

An kritischen Punkten der Menschheitsentwicklung entsteht so etwas wie
eine Uroffenbarung der Barmherzigkeit, die soziale Berührung des Menschen durch die umgreifende Macht des Absoluten. Ich denke an die Situationen in der Bibel, wo der barmherzige Gott Not und Elend der
Menschen wahrnimmt und ihre Klage hört. Die vor Sarah in die Wüste
fliehende Hagar wird von einem Engel des Herrn getröstet und nennt Gott
daraufhin: „Du bist ein Gott, der mich sieht" (1. Mose 16,13). Das ist ein
bewegender Gottesname. Gott sieht das Leiden von Verfolgten, auch wenn
die Menschen selber wegschauen. Als Hagar später, in einer Variante dieser Geschichte, von Abraham mit ihrem Sohn Ismael verstoßen wird, in
der Wüste ohne Wasser umherirrt, ihr Kind unter einen Strauch legt und
sagt: „Ich kann nicht ansehen des Knaben Sterben", sich einen Bogenschuss entfernt hinsetzt und weint, spricht der Engel: „Was ist dir, Hagar?
Fürchte dich nicht; denn Gott hat gehört die Stimme des Knaben, der dort
liegt ... Und Gott tat ihr die Augen auf, dass sie einen Wasserbrunnen sah"
(1. Mose 21,17 ff.). Gott rettet Ismael vor dem Tod und macht ihn zu einem
großen Volk – eine Vorabbildung der Rettung Israels.

In der ersten Begegnung des geflohenen Mose mit Gott am brennenden
Dornbusch spricht Gott: „Ich habe das Elend meines Volkes in Ägypten gesehen und ihr Geschrei über ihre Bedränger gehört. Ich habe ihre Leiden
erkannt und ich bin herniedergefahren, dass ich sie errette aus der Ägypter Hand und sie herausführe aus diesem Land" (2. Mose 3,7 f.). Gott sieht,
hört, erkennt und teilt das Elend, um es zu verändern. Barmherzigkeit, d.h.
sich betreffen lassen, herunterkommen und handeln. Gott ist ein „heruntergekommener" Gott. Zu erinnern ist daran, dass in vorgesetzlichen Zeiten, als der Schutz des Einzelnen und seine menschwürdige Versorgung in
einer Gesellschaft ohne Gewaltmonopol und Sozialfürsorge nicht gesichert
waren, Gott der Statthalter von Barmherzigkeit und Mitgefühl ist. Er ist der
Gott, der die Witwen und Waisen schützt und den Missetätern Vergeltung

androht, so in Ex 22,21 f. Sehr schön beschrieben wird dieser göttliche Schutz für die personae miserae in Psalm 82 und in Psalm 146, Letzterer von Paul Gerhardt wunderbar nachgedichtet: „Er ist der Fremden Hütte, die Waisen nimmt er an, erfüllt der Witwen Bitte, wird selbst ihr Trost und Mann" (EG 302). Das Deuteronomium, also das unter König Josia erneuerte Gesetz, geht über den Appell zur Barmherzigkeit hinaus und schafft erste institutionelle Regelungen, um die Versorgung von Randgruppen, vor allem Witwen, Waisen und Fremdlingen, sicherzustellen. Das geschieht durch so etwas wie eine Sozialsteuer – der Jahreszehnt für den Tempel und den König soll alle drei Jahre für die Elendspersonen verwendet werden, gegenüber den Armen wird ein Zinsverbot ausgesprochen und alle sieben Jahre sollen alle Schulden erlassen werden (5. Mose 15).

In den nachexilischen Texten der Weisheit zeigt sich die Barmherzigkeit des Menschen besonders beim Leihen und Geben. Die zentrale und gewagte Spitzenaussage lautet: „Wer sich des Armen erbarmt, der leiht Gott, und der wird ihm vergelten, was er Gutes getan hat" (Spr 19,17). Gott ist der Anwalt der Waisen und aller sozial Schwachen; wer sich ihnen zuwendet, hilft also Gott als diesem Anwalt. Die Werke der Barmherzigkeit, die der Mensch tut, entsprechen hier schon Gottes barmherzigem Handeln. Es ist eine ganz einfache Ethik des Teilens mit den anderen, wobei Gott der Platzhalter des anderen, besonders des Armen ist. Jesus sagt in dieser Tradition stehend: „Seid barmherzig, wie euer Vater im Himmel barmherzig ist." (Lk 6,36)

c. Barmherziger Samariter
und prosoziales Verhalten

Jesus setzt neben die institutionelle Regelung des jüdischen Armenwesens die grundsätzliche Einsicht, dass Nächster werden ein räumliches Sich-Näherkommen ist. Er tut das, indem er im Gleichnis vom barmherzigen Samariter fragt: „Wer von diesen dreien ist dem Nächster geworden, der unter die Räuber gefallen ist?" (Lk 10,36) Der Nächste ist hier ganz räumlich verstanden: „Wer ist dem nahegekommen." In dieser Geschichte gehen die Religionsangestellten, das ist ihre pikante Note, trotz ihrer Bekanntschaft mit dem Gebot der Nächstenliebe achtlos an dem unter die

Räuber Gefallenen vorüber, der hilflos und verwundet am Boden liegt. Erst der Außenseiter, ein Samaritaner, steigt vom Pferd, hebt den Verwundeten auf, pflegt seine Wunden und bringt ihn in eine Herberge. Wie der Samariter antiselektiv bedrohtes Leben zu retten ist danach Aufgabe jedes Menschen. „Geh hin und mache es ebenso" (Lk 10,37). Wohlgemerkt: Eine begrenzte Hilfe, keine altruistische Selbstausbeutung, kein Helferkomplex werden hier gefordert. Denn für die Pflege schaltet der Samariter den Wirt ein und bezahlt ihn für seine Hilfeleistung. Der Wirt ist gewissermaßen der Urtyp des Diakons bzw. der Diakonie.

Diese berühmte Erzählung hat eine wichtige zweitausendjährige Wirkungsgeschichte hinter sich. Auch unter ihrem Einfluss hat das Gemeinwesen im modernen Sozialstaat Institutionen geschaffen, um diese Aufgabe des Samariters verlässlich mit ausgebildetem Personal und zureichenden Hilfsmitteln zu leisten. Wir haben die Hilfe delegiert und zahlen dafür Steuern. „Hilfe ist eine zuverlässig erwartbare Leistung geworden. Mit dem Pathos des Helfens ist es vorbei" (Niklas Luhmann). Das entlastet den Einzelnen, der im Alltag mit Situationen der Not konfrontiert wird. Trotzdem muss diese Geschichte in jeder Generation neu erzählt werden, unbeschadet der Tatsache, dass es institutionalisierte Hilfen gibt. Sie muss erzählt werden, um daran zu erinnern, dass jeder, dem man in Not nahekommt, mein Nächster ist und dass Gottesliebe einzig durch ihre Konkretisierung in der Nächstenliebe geschieht. – Unterlassene Hilfeleistung ist inzwischen in fast jedem Gesetzbuch eines modernen Staates ein Straftatbestand. Es gibt in den USA eine Forschung, die sog. Experimente prosozialen Verhaltens auswertet. Auslöser für diese Forschung war der Fall der Kitty Genovese im New Yorker Stadtteil Queens, über den die New York Times am 27. März 1964 berichtete. Obwohl sie von einem Mann tätlich angegriffen und mit vielen Messerstichen so schwer verletzt worden war, dass sie starb, schritt keiner der 38 Zeugen in der Nachbarschaft, die ihre Hilfeschreie gehört hatten, helfend ein. In den daraufhin von Sozialpsychologen durchgeführten Experimenten kam u.a. Folgendes heraus:

– die Gegenwart zu vieler Menschen (wie im Fall der Kitty Genovese) kann dazu führen, dass keiner eingreift, weil man auf die Intervention der anderen wartet.

– Drucksituationen verhindern Hilfe. Jemand hat einen wichtigen Auftrag zu erledigen. Kommt er an einem verletzt Daliegenden vorbei, geht er wegen des dringlichen Auftrags an ihm vorüber (wie im Gleichnis vom barmherzigen Samariter).

– Leuten, die scheinbar selbstverschuldet in Not geraten sind, wird nicht bzw. nicht gern geholfen. Beispiel: Jemand liegt verdreckt und leicht alkoholisiert in einer Ecke der U-Bahn. Diesem wird weniger geholfen, als wenn er anständig angezogen wäre.

– Weiter: Menschen verhalten sich bei Notsituationen vorsichtig- abwartend, aber hilft erst mal einer, dann helfen auch andere. Beispiel: Der Fall einer Autopanne. Viele sehen sie und fahren vorüber, selbst wenn der Fahrer winkt. Endlich hält einer und stellt sich neben den havarierten Wagen. In kurzer Zeit halten mehrere andere Autofahrer, um zu sehen, was los ist und wie sie helfen können.

Also: Auch Mitfühlen will gelernt sein. An Geschichten und Erzählungen, an Geboten und Ermahnungen fehlt es nicht. Freud sagt – das Gebot der Nächstenliebe wird deswegen so betont, weil es unserer Natur widerspricht. „Daher das Idealgebot, den Nächsten zu lieben wie sich selbst, das sich wirklich dadurch rechtfertigt, daß nichts anderes der ursprünglichen menschlichen Natur so sehr zuwiderläuft" (Freud, 467 f.). Man muss Freuds pessimistischer Einstellung nicht voll zustimmen, aber richtig ist die Beobachtung, dass die Gebote der Nächsten- und Fremdenliebe so häufig wiederholt werden, weil sie nicht selbstverständlich sind.

Es ist nicht so lange her, dass eine ganze Gesellschaft gegenüber den an Leib und Leben bedrohten jüdischen Mitbürgern versagte. Nur wenige halfen. Und das waren nicht die Menschen, die besonders in einer Ethik geschult waren oder sich auf Glaubensüberzeugungen beriefen, sondern die Menschen, die schlicht sagten: Ich kann nicht besonders begründen, warum ich Juden versteckt habe. Das war doch selbstverständlich, Menschen in Not zu helfen. Die Hilfe geschieht fast „irrational" vor jeder Überlegung. Wo man anfängt zu überlegen und zu klügeln, ist die Chance zur Hilfe oft schon vertan, kommt man nicht mehr zur Entscheidung. Es sei denn, die Hilfe geschieht in einer Gruppe, wo man sich gegenseitig stützen kann, wo der Energische den Zögernden mitnimmt, aber auch der Zögerliche und Überlegte den Spontanen vor vielleicht allzu riskanten Entscheidungen bewahrt.

d. „Der mitleidigste Mensch ist der beste Mensch"
Von Lessings Mitleidstheorie zu Schopenhauer

Kann das Theater den Menschen bessern, einer Gesellschaft den Spiegel vorhalten, bei den Zuschauern Mitgefühl auslösen? Gotthold Ephraim Lessing wollte mit seinen Stücken Mitleid erregen. Wieso, das hat er im Gespräch mit seinen Freunden Nicolai und Mendelssohn zunächst in Briefen theoretisch sukzessive entfaltet: Lessing erhielt einen Brief von seinem Freund Nicolai, in dem dieser sich von Aristoteles Definition absetzte, das Trauerspiel habe die Leidenschaften zu reinigen (das ist die berühmte Katharsis). Nein, so Nicolai, das beste Trauerspiel sei das, welches die Leidenschaften am heftigsten erregt. Lessing gefällt das nur begrenzt; er setzt dagegen: Die einzige Leidenschaft sei das Mitleiden. Der von Aristoteles gewünschte Schrecken sei nichts weiter als die plötzliche Überraschung des Mitleids.

„Die Bestimmung der Tragödie ist diese: Sie soll unsere Fähigkeit, Mitleid zu fühlen, erweitern. Sie soll uns nicht bloß lehren, gegen diesen und jenen Unglücklichen Mitleid zu fühlen, sondern sie soll uns so weit fühlbar machen, dass uns der Unglückliche zu allen Zeiten und unter allen Gestalten rühren und für sich einnehmen muss …Der mitleidigste Mensch ist der beste Mensch, zu allen gesellschaftlichen Tugenden, zu allen Arten der Großmut der aufgelegteste." (zit. Benedict, 2010, 40)

Im 19. Jh. nimmt Arthur Schopenhauer mit seiner Theorie des Mitleids diesen Gedanken auf. Schopenhauer möchte eine Pflichtethik begründen, die nicht mehr von einer externen Autorität, religiös gesprochen von Gott, abhängig ist. Er zieht stattdessen ein Nachdenken über Moral vor, das mehr mit psychologischen Begriffen operiert und die Motive betrachtet, aus denen heraus Menschen handeln. Dabei kommt nach Schopenhauer dem Mitleid eine entscheidende Funktion zu. Mitleid ist ganz allein, so Schopenhauer, „die wirkliche Basis aller freien Gerechtigkeit und aller ächten Menschenliebe. Nur insofern eine Handlung aus ihm entsprungen ist, hat sie moralischen Werth, und jede aus irgendwelchen anderen hervorgehende hat keinen. Sobald dieses Mitleid rege wird, liegt mir das Wohl und Wehe des andern unmittelbar am Herzen, ganz in derselben Art, wenn auch nicht in demselben Grade, wie sonst allein das meinige." (Schopenhauer, 1977, 164)

Sich von dem Leid der anderen anrühren zu lassen ist eine wichtige menschliche Eigenschaft. Sie ist notwendig, um das Leiden auf dieser Welt zu verringern. Aufschlussreich ist, dass der Mensch auch dabei von sich selbst ausgeht. Das macht Schopenhauer am Weinen deutlich. Dieses ist Zeichen des Mitleids mit sich selbst, Zeichen der Liebe, denn „alle Liebe ist Mitleid und alle Liebe, die nicht Mitleid ist, ist Selbstsucht." Man weint nicht über den Schmerz, sondern über dessen Wiederholung in der Reflexion, erkannte der Philosoph Mitte des 19. Jahrhunderts. „Mit der hülfreichsten Gesinnung ist man selbst der Hülfsbedürftige, fühlt, daß man mehr duldet, als man einen anderen dulden sehn könnte. Und in dieser sonderbar verflochtenen Stimmung, wo das unmittelbar gefühlte Leid erst auf einem doppelten Umwege wieder zur Person kommt, als fremdes vorgestellt, als solches mitgefühlt und dann plötzlich wieder unmittelbar als eigenes wahrgenommen, schafft sich die Natur durch einen sonderbar körperlichen Krampf Erleichterung." (Schopenhauer, 1938, 445)

Der sonderbare Krampf ist das seelisch verursachte Weinen. Der Austritt der hellen, leicht salzigen Flüssigkeit aus den Tränendrüsen ist der körperliche Ausdruck des Mitleids. Man könnte sagen: Die Hoffnung auf eine bessere Welt liegt in den Tränen, die für andere vergossen werden, liegt in der menschlichen Fähigkeit zum Mitleiden. „Compassion" nennt es der Theologe Johann Baptist Metz. Er hält sie für das Zentrum der christlichen Botschaft; eine Tugend, die nicht rührselig macht, sondern Menschen aktiviert, solidarisch zu sein und sich einzumischen. Beides müssen wir zusammenhalten: die ethischen Tränen des Mitleidens, der Compassion, und die ästhetischen der Rührung. Wir weinen, ohne zu wissen warum, wenn wir ergreifende Musik hören. Oder eine bewegende Geschichte lesen. Und wir wissen: Wir weinen, weil wir noch nicht so sind, wie jene Musik oder Erzählung es verspricht. Und weil die Welt noch nicht ist, wie sie werden soll.

e. Die christliche Moral als „Herdentrieb der Schwachen"
Nietzsche und Bodelschwingh

Friedrich Nietzsche, der Philosoph mit dem Hammer, litt unter schrecklichen Migräneanfällen, die er tapfer ertrug. Im Jahr 1888 schrieb Nietzsche sein letztes Werk vor dem *Antichrist* und dem Ausbruch des Wahnsinns, er nennt es *Ecce Homo*. Noch einmal stellt er, indem er seine Werke Revue passieren lässt, die Auseinandersetzung mit der Mitleidsethik des Christentums ins Zentrum der Betrachtung: „Ich werfe den Mitleidigen vor, daß ihnen die Scham, die Ehrfurcht, das Zartgefühl der Distanzen leicht abhanden kommt, daß Mitleiden im Handumdrehen nach Pöbel riecht und schlechten Manieren zum Verwechseln ähnlich sieht – daß mitleidige Hände unter Umständen geradezu zerstörerisch in ein großes Schicksal … eingreifen können." (Nietzsche, 1075)

Hier zeigt sich eine kluge Einsicht in den Mechanismus des Mitleids. So sind Mangel an Distanz und neurotisches Helfenwollen ohne Rücksicht darauf, ob das für den Hilfsbedürftigen sinnvoll ist, Kennzeichen des seit Schmidbauers Buch *Die hilflosen Helfer* viel diskutierten „Helfersyndroms". Auch behördliche Fürsorge gegenüber schwierigen Menschen hat zuweilen etwas von dieser zerstörerischen Hilfehaltung. Nietzsche hat das Fragwürdige dieses „socialen Instinkts" lange vor seiner psychologisch betriebenen Aufklärung benannt. So ist es nicht nur Provokation, wenn er fortfährt: „Die Überwindung des Mitleids rechne ich unter die vornehmen Tugenden." Gegen das angeblich selbstlose Mitleiden setzt Nietzsche nicht die Gleichgültigkeit, sondern „ein Jasagen ohne Vorbehalt zum Leiden selbst, zur Schuld selbst, zu allem Fragwürdigen und Fremden des Daseins selbst … Es ist nichts, was abzurechnen ist. Es ist nichts entbehrlich – die von den Christen und anderen Nihilisten abgelehnten Seiten des Daseins sind sogar von unendlich höherer Rangordnung der Werte." (Nietzsche, 1110)

Nicht um, mit Aristoteles gesprochen, durch Entlastung von Schrecken und Mitleiden loszukommen, sondern um über Schrecken und Mitleiden hinaus „die höchste Lust des Werdens selbst zu sein". (Nietzsche, 1136)

Zarathustra trägt noch in alle Abgründe „sein segnendes Ja". Die Verbesserung dieser falschen Welt durch politische Revolution wie im Sozialismus oder durch Solidarität der Schwachen wie im Christentum ist für Nietzsche grundfalsch. Notstände aller Art abschaffen zu wollen hält er für Dummheit. „Beinahe so dumm als es der Wille wäre, das schlechte Wetter abzuschaffen – aus Mitleiden etwa mit den armen Leuten." (Nietzsche, 1154)

Dann führt er auf einer Seite noch mal auf, was alles am Christentum falsch ist. Die Begriffe Jenseits, Seele, Geist, Sünde wurden nur erfunden, um die Todfeindschaft gegen das Leben zu stützen. Und er endet:„Hat man mich verstanden? Dionysos gegen den Gekreuzigten." (Nietzsche, 1159)

Drei Monate nach der Niederschrift dieser Sätze brach Nietzsche in Turin auf offener Straße zusammen, als er sah, wie ein Kutscher erbarmungslos auf seine Pferde einprügelte.

Das Christentum als „Verbrechen am Leben". Ein Satz, bei dem man, wenn man ihn als Theologe liest, tief Atem holen muss. Neben der Empörung fühle ich mich aber auch ein wenig in meiner Lebenslüge ertappt. Denn ich muss mich fragen, ob ich als jemand, der sich für den Lebenskampf nicht besonders gut gerüstet gefühlt hatte, eine Weltanschauung (und den dazugehörigen Beruf) wählte, die mir mit ihrer Dialektik von Erniedrigung und Erhöhung besonders zusagen musste. Der Satz des Paulus aus dem 1. Korintherbrief, den Nietzsche gehasst hat, ist einer meiner Lieblingssätze. „Was schwach ist vor Welt, das hat Gott erwählt, damit er zuschanden mache, was stark ist. Und das Verachtete hat er erwählt, damit er zunichte mache, was etwas ist." Nietzsche bezeichnete im *Willen zur Macht* das Christentum als „Gegenprinzip gegen Selektion". Was der Theologe als Vorzug des Christentums preisen würde (trotz all seiner negativen Begleiterscheinungen), das bezeichnet Nietzsche als Unmoralität, als Pseudo-Humanität und als Verbrechen am Leben.

Es fällt schwer, diese Sätze nicht vor dem Hintergrund der völkischen Eugenik zu lesen, wie sie schon im Kaiserreich und in der Weimarer Republik sich ausbreitend im Rassenwahn des Nationalsozialismus ihre schreckliche Umsetzung fand. Nietzsche hat seine Kritik an der christlichen Durchkreuzung der natürlichen Selektion natürlich nie praktisch gemeint. Aber er hat solche Gedanken in einem Klima ausgesprochen, in dem immer mehr Mediziner und Politiker sich auch zunehmend praktische Gedanken machten über die vom Staat zu regelnde Unterstützung des „natürlichen Ausleseprozesses" im Interesse der angeblichen Volksgesundheit. Noch in der Weimarer Republik wurde ein Gesetz zur Sterilisation verabschiedet.

Man muss sich vor Augen führen, dass Nietzsche im Jahrhundert der Inneren Mission lebte, das im September 1848 von Johann Hinrich Wichern in seiner berühmten Wittenberger Rede ausgerufen worden war. Ein großes „Liebesnetz" aus christlich rettendem Geist sollte in Europa entstehen – gegen den sein Haupt erhebenden widergöttlichen Kommunismus. Es war die Zeit einer erstaunlich vielfältigen Ausbreitung christlicher Liebestätigkeit. Diese Liebestätigkeit sollte die durch die gesellschaftlichen Veränderungen entchristlichte Bevölkerung wieder zurück in die Kirchen holen. Überall in Deutschland wurden Diakonie-Vereine, Rettungshäuser für verwahrloste Kinder und gefallene Mädchen, Anstalten für Geisteskranke und Behinderte, Wohnheime für schwer erziehbare Jugendliche und Kolonien für Nichtsesshafte gegründet. Die Schwachen und Randgruppen gerieten in einem vorher kaum für möglich gehaltenen Ausmaß (denn die Kirche kümmerte sich bis dahin wenig um sie) in den Blick bürgerlich-christlicher Liebestätigkeit. In Berlin gründete Wichern das Johannesstift, mit dem eine Gefängnisreform in Preußen vorangetrieben werden sollte. Friedrich von Bodelschwingh baute im Bielefelder Stadtteil Bethel ab 1872 eine große, ständig wachsende Anstalt für behinderte, psychisch kranke Menschen und später die dazugehörigen Ausbildungsanstalten für Diakonissen und Diakone auf, eine Stadt der Nächstenliebe, noch heute die größte diakonische Einrichtung Europas. Unter dem Systemaspekt betrachtet war es der Versuch, die soziale Frage durch kosmetisch lindernde Reformen zu lösen und die ständische Gesellschaft beizubehalten. Der kapitalistische Prozess der Industrialisierung und der Veränderung der Arbeit blieb dabei weitgehend unbegriffen. Wichern machte die Gottlosigkeit und Entchristlichung für den sozialen Verfall verantwortlich, deswegen „Innere Mission", nicht die Armut für Gott- und Sittenlosigkeit. Den Sozialismus hielt er für die falsche Antwort auf die sozialen Probleme; in seiner letzten großen Rede 1871 bezeichnete er ihn als den „verlorenen Sohn der Weltgeschichte". Die nächste Generation versuchte dann allerdings stärker, durch konkrete Reformvorschläge auf die soziale Gestaltung der Gesellschaft Einfluss zu nehmen, etwa durch die Denkschrift des Centralausschusses der Inneren Mission von 1884, bei deren Abfassung ein wichtiger Mitarbeiter Bismarcks, der Ministerialbeamte Wilhelm Lohmann, eine große Rolle spielte.

Diese verstärkte Wahrnehmung der „Schwachen und Missratenen", nach Nietzsche der Bodensatz des Christentums, durch engagierte christliche Gruppen und auch durch die Kirche könnte ein zusätzliches Motiv für Nietzsche gewesen sein, sich so intensiv mit christlicher Mitleidsethik auseinanderzusetzen. Ich stelle mir vor, Nietzsche hätte die Betheler Anstalten besucht, die Epileptiker, Bodelschwinghs „liebe Kranke", die ihn täglich Demut lehrten, gesehen. Wie hätte er reagiert? Hätte er seine überzogene Kritik am Christentum als Ressentiment der Zukurzgekommenen im Angesicht der Kranken korrigiert und eine Kehrtwendung vollzogen, die ihn später nicht zum Gewährsmann nazistischen Herrenmenschentums gemacht hätte?

f. Compassion

Ist das Christentum eine verlässliche Religion des Mitleidens?

Die jüdisch-christliche Haltung des Mitleidens zur Sprache zu bringen ist das Anliegen des katholischen Theologen Johann Baptist Metz mit dem Projekt *Compassion* – Weltprogramm des Christentums (J. B. Metz, L. Kuid, A. Weisbrod). Es ist der Versuch, in Übereinstimmung, aber auch in Abgrenzung von Küngs Projekt *Weltethos* den Beitrag des Christentums zu einer internationalen friedlichen Weltordnung vom Mitleiden her zu skizzieren. Metz begründet es so: „Jesu erster Blick galt nicht der Sünde, sondern dem Leid der anderen. Die Sünde war ihm vor allem Verweigerung der Teilnahme am Leid der anderen, war ihm Weigerung, über den Horizont der eigenen Leidensgeschichte hinauszudenken." Metz begründet die Wahl des in der Befreiungstheologie gebrauchten spanischen Worts Compassion damit, dass er kein überzeugendes deutsches Wort für diese Leidempfindlichkeit der christlichen Botschaft gefunden habe. Das Wort Mitleid klang ihm zu privat, verwies zu sehr auf die reine Gefühlswelt, das Fremdwort Empathie klang ihm zu unpolitisch und zu unsozial.

„Die gerechtigkeitssuchende Compassion ist das Schlüsselwort für das Weltprogramm des Christentums. Sie ist in meinen Augen die biblische Mitgift für den europäischen Geist, so wie die theoretische Neugierde die griechische Mitgift und das Rechtsdenken die römische Mitgift ist." Nach Metz Ansicht geht es um die Anerkennung der Autorität der Leidenden. Der sittliche Universalismus, der von Küng auf Basis eines Minimalkonsenses zwischen den Religionen und Kulturen angestrebt wird, ist ihm zu wenig.

Fremdes Leid wahrzunehmen und zur Sprache zu bringen ist die unbedingte Voraussetzung aller zukünftigen Friedenspolitik, aller neuen Formen sozialer Solidarität. Diese Autorität der Leidenden kann auch zur Kritik am kirchlichen Verhalten werden, das in seiner Gottesverkündigung das Eingedenken fremden Leids oft vergessen hat und weiter vergisst. Metz fragt: „Hat etwa die Gottesverkündigung der Kirche nicht zu sehr vergessen, dass sich die Gottesrede der biblischen Traditionen im Eingedenken fremden Leids buchstabiert, dass also das dogmatische Gottesgedächtnis nicht vom himmelschreienden Leidensgedächtnis der Menschen abgesprengt werden darf?" Man kann nur antworten: In der Tat haben die

Kirchen das viel zu oft vergessen, vor allem in der Zeit des Faschismus, als sie die jüdischen Geschwister allein ließen und nur wenige retteten. Metz erfindet dafür das überzeugende Bild, dass „Gott mit dem Rücken zur Leidensgeschichte der Menschen verkündet wurde". Er fragt: „Gibt es für ein Christentum der Compassion, der gesteigerten Empfindlichkeit für fremdes Leid überhaupt offene Ohren unter uns?" Er hofft, dass gerade junge Menschen diese primäre Provokation der Botschaft Jesu anspricht. Er beruft sich dabei auf gute Erfahrungen des Freiburger Experiments zur Compassion.

Das ist schwer zu beurteilen. Alle Untersuchungen der Bertelsmann-Stiftung zur Einstellung der jungen Generation zeigen zwar, dass ihr soziale Kontakte und Freundschaften wichtig sind, eine Ethik der Compassion im Alltag aber keine große Rolle spielt.

Bei Metz wird aus der verständlichen Reaktion auf das Versagen der Kirche im Nationalsozialismus, die in der Verleugnung des Juden Jesus und seines Volkes bestand, nachträglich in guter Absicht dem Christentum eine memoria passionis als Wesenseigenschaft zugeschrieben, die es in dieser Deutlichkeit nie hatte bzw. nur in Ausnahmefällen in einzelnen Personen – etwa im Protest von Bischof Las Casas gegen die Vernichtung der Indios, in Dietrich Bonhoeffers Beteiligung am Widerstand gegen die Herrschaft Hitlers, in Oscar Romeros Kritik an den Machthabern in San Salvador. Durch sein praktisches Verhalten hat das Christentum leider gezeigt, dass es zu dieser strukturellen Compassion oft nicht in der Lage ist, weil im Durchschnittsglauben der Gläubigen und ihrer Hirten widersprüchliche Gefühlsmächte aktiv sind. Für die Kirchenleitungen ist der Bestand der Kirche und die Herrschaft über die Seelen der Gläubigen durch eine Schuldkultur das oberste Gebot, für die Gläubigen selber steht der Trost der Religion im Alltag und die Bewältigung der Kontingenz des Lebens im Vordergrund. Das Leiden der anderen kommt allenfalls an zweiter oder dritter Stelle, auch wenn es inzwischen viele vorbildlich in der Flüchtlingsarbeit und Armutsbekämpfung engagierte Gemeinden gibt.

Wenn in den letzten Jahrzehnten durch die Politische - und die Befreiungstheologie eine Veränderung stattgefunden hat, so ist diese dennoch in den Großkirchen selber umstritten. Kirchliche Religiosität in ihren verschiedenen konfessionellen Ausrichtungen kreist vor allem um Formen eines mit Hilfe des Glaubens besser gelingenden Lebens.

Auch in der frühen Kirche war Christus der Arzt und die sozialdiakonische Selbsthilfe der Gemeinden das Erfolgsrezept für ihre rasante Ausbreitung (s. Benedict, 2008, 50 ff.). Dazu gehört zwar auch die Wahrnehmung des Leids der anderen (ich erinnere an den Ausspruch von Kaiser Julian Apostata, die „gottlosen Galiläer, d.h. die Christen, ernähren außer ihren Armen auch die unsrigen"), aber doch eher als ein Gefühl, im Engagement für andere etwas für einen selbst Sinnvolles zu tun. Man denke an die vielen Kirchenküchen und Tafeln in Deutschland, in denen sich Zehntausende von Ehrenamtlichen engagieren; die Tafelbewegung ist Teil einer Parallelgesellschaft, die aber am Zustand von Armut und Ausgrenzung nichts ändert, sondern ihn nur erträglich macht.

Schließlich wird in der Compassionsforderung von Metz ein Appell an den Einzelnen konstruiert, der die Rolle der institutionellen Vermittlung zeitgenössischer Mitleidens-Agenturen vernachlässigt. In der Zivilgesellschaft und in den Nichtregierungsorganisationen ist ja, wenn man so will, dieses jüdische Erbe der Orientierung am Leiden anderer bereits umgesetzt, etwa in der Ökologie-Bewegung, Amnesty International, Ärzte ohne Grenzen, Fairtrade-Kampagnen, Occupy Wallstreet, Kirchenasyl u.a. Ihre Maxime ist es, geduldig und hartnäckig so zu handeln, dass Leid graduell minimiert wird. Dazu braucht es nicht mehr unbedingt den Umweg über religiöse Leidensgestalten und Compassionsparolen, sondern den aufmerksamen Blick auf Leidsituationen und praktische Organisation von Protest inklusive vor allem der sozialen Medien. Metz Compassionsprojekt ist zwar wichtig für die Reform und Selbstbesinnung in der Kirche, aber die Erwartung, sie damit grundlegend zu verändern und als Avantgarde der Compassion etablieren zu können, ist ein wenig naiv und illusorisch. Und leider tappt er damit auch in die Falle, die Hans Blumenberg einmal klug diagnostiziert hat: Es sei immer ein Prinzip des Christentums gewesen, maximale Forderungen aufzustellen und dann die Welt dafür anzuklagen, dass sie nicht realisiert worden seien.

6. Schamgefühl, Scham, Schamverlust

a. Von Adam und Eva an
Schamempfindung als menschliche Tugend

Erinnerungen an Schamsituationen in der Kindheit verlassen einen bis ins Alter nicht. Die hilflose Situation vor der Reckstange im Turnunterricht, wenn man den Aufschwung nicht schaffte. Die Peinlichkeit vor der Tafel, unfähig, eine Mathe-Aufgabe zu lösen. Aber auch das Erröten, wenn die angebetete Klassenkameradin unvermutet neben einem stand.

Was ist Scham? Das Lexikon antwortet: Scham ist die „selbstbewertende unlustbetonte Gefühlsreaktion, die von vegetativen Erscheinungen (Erröten, Herzklopfen) und bestimmten Verhaltensreaktionen (Blickvermeidung, Abwendung des Gesichts) begleitet sein kann und durch einen sozialen Kontext bedingt ist, zum einen durch das Eindringen anderer in die eigene Intimsphäre, zum anderen durch die Einsicht in ein tatsächliches oder vermeintliches Versagen (vor allem auch dessen Bekanntwerden) gegenüber sozialen Erwartungen und Normen." (DIE Zeit, das lexikon, Bd. 13, Hamburg 2005, 13)

Scham hat also mit der Fähigkeit zu tun, sich als moralisches Wesen wahrzunehmen, das zwischen Gut und Böse unterscheiden kann. Im Augenblick der Scham sehe ich mich mit den Augen eines anderen. Das kann mein Chef sein, die Eltern, Gott. Das können absolut verbindliche Regeln sein, denen ich mich verpflichtet fühle: die 10 Gebote, das Doppelgebot der Liebe zu Gott und dem Nächsten, die Goldene Regel, der Kategorische Imperativ.

Die Urszene für diese Scham ist die Erkenntnis von Adam und Eva, nachdem sie Gottes Gebot, nicht von den Bäumen des Gartens zu essen, übertreten haben (1. Mose 3,7 ff.). Die Entdeckung des Schamgefühls ist eine Folge des Essens vom verbotenen Baum. „Sie wurden gewahr, dass sie nackt waren und flochten Feigenblätter zusammen und machten sich Schurze." Dies Adam-Eva-Gefühl der Scham ist heute trotz FKK-Stränden, gemischter Sauna und Medien-Exhibitionismus, wie ein französisches Psychologenteam herausgefunden hat, immer noch vorhanden. Auch wer nackt oder halbnackt am Strand liegt, hat noch Schamgefühle. Sollte man sagen: Gott sei Dank!?

Aber Scham ist noch etwas ganz anderes, tiefer Liegendes. Kaum ein Gefühl wird so sehr als belastend empfunden und ist so direkt mit körperlichen Reaktionen verbunden. Wer in Unkenntnis oder Verfehlung sozialer Regeln falsch gehandelt hat und dabei ertappt wird, bekommt heftiges Herzklopfen. Er errötet, ja, er möchte vor Scham im Boden versinken. Noch nach Jahren löst die Erinnerung an ein schambesetztes Ereignis diese Reaktion aus. Selbst wenn andere, uns nahe Stehende etwas in unseren Augen Peinliches tun, empfinden wir Schamgefühl. Das ist das sogenannte Fremdschämen. Wir aber müssen lernen, mit unseren Schamgefühlen zu leben und gnädig mit ihnen umzugehen. Deshalb ist die Selbstannahme mehr noch als die Felle, die Gott dem ersten Menschenpaar machte, ein Kleid für unsere Scham. Im neuzeitlichen Zivilisationsprozess mussten wir immer mehr Fremdzwänge in Selbstzwänge umwandeln, wie der Soziologe Norbert Elias herausgearbeitet hat. Deshalb ist in unserer hoch individualisierten liberalen Gesellschaft die Scham als unmittelbare körperliche Anzeige eines moralischen Fehlverhaltens oder eines Mangels an Normalität zu einem dominanten Gefühl geworden.

In der Schöpfungsgeschichte wird also die Scham über die Nacktheit mit dem moralischen Versagen gegenüber Gottes Gebot verbunden. Das Fehlverhalten zieht eine körperlich-seelische Reaktion nach sich, das Schamgefühl. So peinigend das Schamgefühl auch ist, die Fähigkeit, Scham zu empfinden, wäre demnach eine besondere menschliche Tugend.

Nun kann man den Ungehorsam der ersten Menschen, wie die Bibel ihn erzählt, auf zweierlei Weise deuten. Man kann sagen, die Übertretung des Verbots, von den Bäumen zu essen, sei ein Akt der Freiheit. Der Freiheit, Nein zu sagen. Denn Gottes Nein im Ess-Verbot ist ein pragmatischer Selbstwiderspruch. Wenn Gott das Gebot setzt, reizt er dazu, es zu übertreten. Schiller nennt daher den Sündenfall den „glücklichsten Augenblick der Menschheitsgeschichte". Der Mensch wird Herr seiner Geschichte, wie zwiespältig diese auch immer sich entwickeln wird. Denn das Paradies war nur ein „Paradies für Tiere" (Hegel), nicht für Menschen.

Dass der erste Mensch das Gebot übertritt, hat zur Folge, dass er sich selbst sieht und dass er gesehen wird, von Gott und von anderen. Die Scham ist das diesem Gesehenwerden korrespondierende Gefühl. Es wird den Menschen bis zu seinem Ende nicht verlassen – siehe den letzten Satz in Kafkas *Prozess*, als zu Josef K.s Sterben vom sonst nicht auftretenden Erzähler bemerkt wird: „Es war, als sollte die Scham ihn überleben."

Eine theologische Deutung der Scham, die existenziell mit dem Entzweiungsbegriff arbeitet, findet sich bei Dietrich Bonhoeffer in seiner *Ethik*. „Scham ist die nicht zu beseitigende Erinnerung des Menschen an seine Entzweiung mit dem Ursprung, sie ist Schmerz über diese Entzweiung und das ohnmächtige Verlangen, sie rückgängig zu machen. Der Mensch schämt sich, weil ihm etwas verloren gegangen ist, das zu seinem ursprünglichen Wesen, zu seiner Ganzheit gehörte. Er schämt sich seiner Blöße … er schämt sich der verlorenen Einheit mit Gott und den anderen Menschen." (Bonhoeffer, 1963, 22)

Bonhoeffer meint, dass die Schurze, die der Mensch sich macht, eine Form unzureichender Verhüllung sind. Sie verhüllen und enthüllen zugleich, indem sie an die Entzweiung erinnern. Erst der von Gott in Christus neu bekleidete Mensch kann die Scham überwinden. So anrührend diese Deutung ist, es wird deutlich, dass die angenommene Entzweiung des Menschen von Gott – oder anders gesagt, die Sünde der Entfremdung – nicht mehr ohne Weiteres vermittelbar und anders als z.Zt. Luthers kein existenzielles Problem mehr ist. Eine Lösung dieser Verlegenheit für die theologische Rede bestünde darin, zu empfehlen, mit der eigenen Scham gnädig umzugehen. Dies wäre wie die Vergebung der Schuld eine Folge der Gnade Gottes.

b. Die Nacktheit Jesu am Kreuz
Einladung zum Dialog über Scham

Die abendländische Signatur des Leidens wird durch die exemplarisch leidende Gestalt des Gottmenschen Jesus Christus bestimmt. Keine Gestalt der Religionsgeschichte ist so häufig im Zustand der Erniedrigung und des extremen Leidens dargestellt worden wie Jesus. Die Passionsberichte der Evangelien zeigen die Stadien der Demütigung und Entehrung. Gefangennahme, Geißelung, Entkleidung. Die zwölf Stationen des Kreuzwegs, wie sie in jeder katholischen Kirche zu sehen sind, sind ein Weg zunehmender Demütigung. Der Mann am Kreuz ist schließlich nackt bis auf ein Lendentuch, so die vorherrschende Darstellung. Diese extreme Darstellung des Leidens des Erlösers hatte dabei die Funktion, Schuldgefühle zu erzeugen. „Ach, das hat unsere Missetat verschuldet, was du an unsrer Statt, was du für uns erduldet", heißt es im Lied *Du großer Schmerzensmann* (EG 87) und ähnlich in vielen anderen Passionsliedern.

So sehr „schwelgte" die christliche Kunst in der Darstellung eines leidenden Körpers, dass selbst überzeugte Katholiken wie der französische Romancier Julien Green diese Übersteigerung kritisierten. In seinem Tagebuch von 1934 heißt es unter dem Datum 2. Mai: „In der Ausstellung der Leiden Christi in der französischen Kunst. Stand tief bewegt vor den großen Christusfiguren aus bemaltem Holz der Sainte Chapelle. Etwas später darüber nachgedacht und gefunden, daß unsere Zivilisation wunderlicher ist, als wir denken. Liegt nicht etwas Befremdliches darin, von der Wiege bis zur Bahre in Kirchen, Häusern und mitunter in den Straßen Bilder der Qual zu sehen: ein Mann an zwei Hölzer genagelt. Die Kirche ist in einer Marterorgie geboren. Ein Griechenkind des vierten Jahrhunderts sah in den Tempeln nur die Standbilder makellos schöner glücklicher Männer und Frauen, uns aber führt man die Bilder Sterbender vor. Wenn einer nicht wüsste, was das Christentum ist, und man brächte ihn in den Louvre, er wäre wahrscheinlich beim Verlassen ganz krank vor Ekel." (Green, 116)

Zehn Jahre später, im Mai 1944 im amerikanischen Exil, jedoch notiert Green vor Dürers *Schmerzensmann*: „Ich kann den sitzenden Christus Dürers nicht sehen, ohne daß mir bang ums Herz wird, denn wenn er Qualen duldet, habe ich vor allem sie verschuldet. Wem sollte ich von diesen Dingen sprechen, ohne mich höchst lächerlich zu fühlen? Gleichwohl beschleicht mich vor der kleinen Zeichnung dies Gefühl – und ich frage mich, ob man vor ihr nicht eben diesen Eindruck haben *soll* … Ich frage mich, ob Gott nicht wollte, daß dieses Heilsgeschehen nicht jedem einzelnen von uns als große Zwiesprache zwischen Ihm und mir, zwischen Ihm und jedem Menschenwesen erscheine, als wäre jedes Menschenwesen ganz allein auf Erden oder, besser noch, als wäre jeder für sich ganz allein die Menschheit." (Green, 332)

Also weniger die Erinnerung an die vererbte Schuld als die Scham über die versäumte Zwiesprache darüber, warum Menschen so etwas wie die Demütigung Jesu geschehen lassen konnten, ist Sinn der Darstellung des leidenden Christus. Einladen will das Bild zu einem Dialog über die damit verbundene Scham – und damit auch darüber, wie zukünftig solches Versagen verringert werden kann. Vom stellvertretenden „Für uns" des Leidens Christi zu einem neuen „Miteinander" der durch dessen Anblick berührten Menschen.

c. Die Scham der Überlebenden
Zum Auschwitz-Tag am 27. Januar 2015

Jean Paul Sartre schreibt 1943 (!) in seinem großen Werk *Das Sein und das Nichts* fast wie ein Theologe:„Die Scham ist das Gefühl eines Sündenfalls einfach deswegen, weil ich in die Welt gefallen bin, mitten in die Dinge, und weil ich die Vermittlung des anderen brauche, um das zu sein, was ich bin. Die Scham und die Furcht, im Zustand der Nacktheit überrascht zu werden, sind nur eine symbolische Spezifizierung der ursprünglichen Scham: der Körper symbolisiert hier unsere wehrlose Objektheit." (Sartre, 516)

Es ist letztlich „Scham vor Gott, das heißt die Anerkennung meiner Objektheit vor einem Subjekt, das nie Objekt werden kann." (Sartre, 518)

Dieser Grundsituation des Geworfenseins in die Welt kann ich nicht entrinnen. Sie ist da vor jeder Schuld einer etwaigen Übertretung eines Gebots. Die Schutzlosigkeit erfüllt mich mit Scham und wird in der schutzlosen Nacktheit besonders deutlich symbolisiert.

Dass die zur Vernichtung bestimmten jüdischen Frauen, Männer und Kinder sich nackt ausziehen mussten, bevor sie ermordet wurden, bringt diese Grundsituation auf zynisch-grausame Weise auf den Begriff. Zu der Scham, angeblich kein Lebensrecht auf dieser Welt zu haben, kam die Scham der Erniedrigung zur Nacktheit im Zustand äußerster Wehrlosigkeit. Die Mörder und Henker, die sich hätten schämen müssen, Menschen in den letzten Augenblicken ihres Lebens so zu erniedrigen, hatten dieses Schamgefühl bis auf wenige Ausnahmen vollständig verloren. Wo die Fähigkeit zur Scham verlorengeht, geschieht der Rückfall ins Barbarische oder ins Lächerlich-Oberflächliche.

Es gibt eine ergreifende Stelle in Primo Levis Buch *Die Atempause* (1963 veröffentlicht, aber bereits 1947 geschrieben). Levi ist im von den Deutschen verlassenen KZ Auschwitz nur mit den Todkranken zurückgeblieben und gerade mit einem Freund dabei, eine Leiche in ein Massengrab zu kippen, als die ersten russischen Soldaten, die Befreier, auftauchen, vier junge Soldaten zu Pferde. „Sie blickten, von einer seltsamen Gefangenheit gebannt, auf die durcheinander liegenden Leichen, auf uns, auf die Baracken … Sie grüßten nicht, sie lächelten nicht; sie schienen befangen, nicht so sehr aus Mitleid als aus einer unbestimmten Hemmung heraus, die ihnen den Mund verschloss und ihre Augen an das düstere Schauspiel gefesselt hielt. Es war die gleiche wohlbekannte Scham, die uns nach den Selektionen und immer dann überkam, wenn wir Zeugen einer Misshandlung sein oder sie selbst erdulden mußten: jene Scham, die die Deutschen nicht kannten, die der Gerechte empfindet vor einer Schuld, die ein anderer auf sich lädt und die ihn quält, weil sie existiert, weil sie unwiderruflich in die Welt der existenten Dinge eingebracht ist und weil sein guter Wille nichts oder nicht viel gilt und ohnmächtig ist, sie zu verhindern." (Levi, 1963, 8 f.)

Levi schreibt dann in *Die Untergegangenen und die Geretteten*, dass ihn und andere, die überlebten, nach der Befreiung ein Gefühl der Scham bzw. der Schuld überkam, eben keine Freude nach dem Leid, sondern ein Gefühl des Unbehagens. Wieso? Weil die wichtigste Regel in Auschwitz war, zuallererst an sich selbst zu denken, eine Regel, die er auch sich selbst zu eigen gemacht hatte. Levi schildert eine Situation, als im heißen August 1944 ein ungeheurer Durst unter den Gefangenen herrscht. Da entdeckt er ein bisschen Wasser in einem zerborstenen Rohr und teilt es unter dem Imperativ, zunächst an sich zu denken, nur mit seinem Freund Roberto, nicht aber mit einem Dritten, Daniele, der sie beobachtet hat. Jener nicht geteilte Schluck Wasser stand auch nach der Befreiung „wie ein Schleier zwischen ihnen". Nachdem der zivile Moralkodex zurückgekehrt war, war auch die Scham wieder da, so gehandelt zu haben. Die Frage war unabweisbar geworden: „Kommt deine Scham daher, daß du an Stelle eines anderen lebst. Und vor allem an Stelle eines großherzigeren, sensibleren, des Lebens würdigeren Menschen als du? Du kannst es nicht ausschließen." Du hast nichts direkt Böses getan um zu überleben, sagt sich Levi.

Und doch ist jeder von uns einer, der seinen Nächsten verdrängt hat und an seiner Statt lebt. Deswegen lehnt Levi auch empört die Deutung eines religiös eingestellten Freundes ab, seine Rettung sei ein „Werk der Vorsehung" gewesen. Nein, sagt er: „Wir Überlebenden sind nicht nur eine verschwindend kleine, sondern auch eine anomale Minderheit. Wir sind die, die aufgrund von Pflichtverletzung, aufgrund ihrer Geschicklichkeit oder ihres Glücks den tiefsten Punkt des Abgrunds nicht erreicht haben ... Vielmehr sind sie, die 'Muselmänner', die Untergegangenen, die eigentlichen Zeugen. Sie sind die Regel, wir die Ausnahme." Alle aber litten im KZ an einem „Unbehagen, in dem eine atavistische Angst zu erkennen war, deren Nachhall man im zweiten Vers der Genesis wahrnimmt: die in jedem eingeschriebene Angst vor dem 'tohuwahohu', vor dem wüsten und leeren Universum, das unter dem Geist Gottes zerdrückt wurde und in dem der Geist des Menschen abwesend ist". (Levi, 1993, 87)

Levi beklagt die „Scham der Welt", die darin bestand, dass der Satz John Donnes „kein Mensch ist eine Insel" von den meisten Deutschen in den zwölf Jahren der Herrschaft Hitlers negiert wurde – in der Illusion, dass Nicht-Sehen gleichbedeutend sei mit Nicht-Wissen. „Wir aber mussten hinsehen und müssen nun die Scham, kurz gesagt die Leiden für eine Schuld ertragen, die nicht wir, sondern andere verursacht hatten."

1987 hat Primo Levi, wohl weil er die Erinnerung an das erlebte Grauen nicht mehr aushielt, sich das Leben genommen.

d. Wo blieb die Scham der Täter?

Der Auschwitzprozess und *Der Vorleser*

Kürzlich sah ich im Fernsehen Teile eines Films, den die Engländer nach der Befreiung des KZ Bergen-Belsen gedreht hatten und in dem das Entsetzen und die Scham, das ansehen zu müssen, bei den Kameramännern und den einfachen Soldaten, die darüber berichteten, deutlich zu sehen ist. Damals im April 1945 und noch 2014 im Interview nach fast 70 Jahren. Als man die deutschen Bürgermeister an die aufgereihten Leichen und Massengräber führte, waren ihre Blicke starr, aber Scham war nicht zu sehen.

18 Jahre nach der Befreiung des KZ begann am 20.Dezember 1963 in Frankfurt der Auschwitz-Prozess. Bei den angeklagten Aufsehern war noch

immer keine Scham zu erkennen für das, was sie getan hatten. Sie versuchten, sich mit dem Befehlsnotstand zu rechtfertigen, leugneten ihre Untaten auch noch in der Konfrontation mit den überlebenden Zeugen so unverschämt, dass einmal aus dem Zuschauerraum der Ruf ertönte: „Schlagt ihn doch tot!" Es ging darum, dass „der Angeklagte Kaduk von dem Zeugen Wörl einer eigenmächtigen Selektion beschuldigt wurde. Einige von Kaduk bei dieser Gelegenheit heraus selektierten Kinder hätten sich nach ihrer Aussonderung flehend an ihn, Wörl, gedrängt. Der hinzutretende Kaduk habe aber die Kinder trotz seines Einspruchs mit der Pistole in der Hand weggetrieben." (*Zeitgenossenschaft*, Martin Warnke, 18 f.)

Der Auschwitz-Prozess endete im Sommer 1965 nach 183 Verhandlungstagen. Danach konnte niemand in Deutschland mehr sagen, er könne nichts über das KZ Auschwitz wissen. Das Ziel von Generalstaatsanwalt Bauer, „Gerichtstag zu halten über uns selbst", war ansatzweise gelungen. Die Berichterstattung in Presse und Fernsehen sowie begleitende Ausstellungen über die Vernichtung im KZ Auschwitz hatten die deutsche Öffentlichkeit nach einer langen Phase des Vergessens und Verschweigens endlich mit der grauenvollen Wirklichkeit der Judenvernichtung konfrontiert. Mit dem Frankfurter Prozess hatte jene Aufarbeitung der Vergangenheit begonnen, die letztlich zu der Erkenntnis führte, dass Auschwitz zur negativen deutschen Nachkriegsidentität gehört. Dennoch war das spitzfindige juristische Räsonnement der Verteidigung in dubio pro reo während der Verhandlung schwer erträglich. Ebenso die Tatsache, dass die Strafen verglichen mit den begangenen Verbrechen so gering ausfielen – nur drei Angeklagte bekamen lebenslänglich, drei wurden freigesprochen, darunter ein Zahnarzt, der erwiesenermaßen an der Selektionsrampe dabei war. Das zeigte die Grenzen des Strafrechts in einer Gesellschaft der Mitläufer und Täter auf. – Jetzt ist diese Schwierigkeit im Film *Das Labyrinth des Schweigens* (2014) über die Vorbereitung des Auschwitzprozesses sehr eindrücklich wieder aufgerollt worden.

In Bernhard Schlinks berühmtem Roman *Der Vorleser* (1995 erschienen) wird 30 Jahre später im Rahmen einer Adoleszenzerzählung noch einmal die Frage der Scham angesprochen – die Geschichte von der attraktiven Straßenbahnschaffnerin und Analphabetin, die den Jüngling in die körperliche Liebe einführt und ihn bittet, ihr nach den Liebesstunden vorzulesen. Als der Junge, der inzwischen Jurastudent ist, einen Prozess gegen

Auschwitz-Wachmannschaften verfolgt, sieht er seine ehemalige Geliebte als angeklagte ehemalige KZ-Aufseherin wieder. Im Unterschied zu ihren Mitangeklagten nimmt sie die Schuld auf sich, obwohl ihr Analphabetismus sie eigentlich hätte entlasten können, den sie aber aus Scham verschwiegt. In der Untersuchungshaft lernt sie lesen, beschäftigt sich mit dem Holocaust. Der Erzähler nimmt Kontakt zu ihr auf und schickt ihr Kassetten, die er selbst besprochen hat. Nach der Abbüßung ihrer Strafe nimmt sie sich das Leben. Ist das eine glaubwürdige Geschichte über nachgeholte Scham? Die Scham, nicht lesen und schreiben zu können, die sich wandelt zur Scham, am Verbrechen der Judenvernichtung beteiligt gewesen zu sein?! Man nimmt dem Autor die Absicht, das zu zeigen, ab. Und doch berührt der Zusammenhang von Holocaust und Sexualität merkwürdig. Ist das „Aufarbeitungspornografie", wie ein Kritiker es nannte? Oder will der Autor den Leser mit dieser Konstellation abholen, um die „Verstrickung" einer einfachen analphabetischen Frau in die Vernichtungsmaschine plausibel zu machen? Der Roman wurde ein Bestseller, in viele Sprachen übersetzt und schließlich prominent mit Kate Winslet verfilmt.

e. Anblicken/Gesehenwerden als Form der Anerkennung und als Anlass zur Scham

The Artist is present hieß eine Aktion von Martina Abramovic im New Yorker MOMA. Die Künstlerin sitzt in einem leeren Raum an einem Tisch. Die Besucher haben 15 Minuten Zeit, an der anderen Tischseite zu sitzen. Sie sagt kein Wort, schaut ihr Gegenüber an. Man sieht, wie manche Besucher in Tränen ausbrechen. „Es hat damit zu tun, dass die weinenden Besucher die Blickbarriere, mit der wir uns im Alltag schützen, plötzlich preisgegeben haben und willentlich-unwillentlich schutzlos geworden sind." (Greiner,138)

Abramovic übernimmt in solchen Augenblicken eine gottähnliche Rolle. Für den Gläubigen ist Gott nicht der Kontrolleur, der meine kleinsten Handlungen wahrnimmt („der liebe Gott sieht alles"), sondern einer, dessen Blick er sich anvertrauen kann. „Du bist ein Gott, der mich sieht", sagt die vertriebene Hagar mit ihrem Sohn, der am Verdursten ist, und bekommt eine Quelle gewiesen.

Bonhoeffer geht noch darüber hinaus, wenn er meint: „Die eigenartige Tatsache, daß wir das Auge niederschlagen, wenn ein fremdes Auge unserem Blick begegnet, ist nicht ein Zeichen der Reue über eine Verfehlung, sondern der Scham, die im Angesehenwerden sich an etwas Fehlendes, an die verlorene Ganzheit des Lebens erinnert." (Bonhoeffer, 1949, 23)

Schöner wäre es zu sagen: Im Angesehenwerden ganz als anerkennenswerte Person gesehen zu werden trotz der Entzweiung, die mit dem in-der-Welt-Sein verbunden ist.

Abramovic ist sozusagen Gottes irdische Stellvertreterin. So wie Christus als Schmerzensmann den Betrachter auf manchen Bildern direkt anblickt, damit dieser in sich geht, blickt sie den Besucher an als jemand, die den Schmerz der Differenz des Angesehenen erträgt und die nicht vor seiner Scham die Augen niederschlägt.

Unter dem Aspekt der Scham können auch die Heilungsgeschichten des Neuen Testaments betrachtet werden. Die Behinderten und chronisch Kranken, denen Jesus sich zuwendet, sind Menschen, die sich am Rande der Gesellschaft befinden. Sie dürfen sich nicht sehen lassen. Um Jesus nahezukommen, müssen sie sich gewissermaßen schamlos vordrängen. So der blinde Bartimäus, der am Weg sitzt und laut zu rufen beginnt: „Jesus, du Sohn Davids, erbarme dich über mich. Doch viele fuhren ihn an, er solle stillschweigen. Er aber rief noch lauter: Du Sohn Davids, erbarme dich über mich" (Mk 10,47 f.). Das schamvolle Stillesein wird aufgebrochen. Nur so wird Jesus auf ihn aufmerksam und ruft ihn zu sich. Aus der Beschämung und Marginalität wird er herausgerufen, steht mitten in der Öffentlichkeit vor Jesus, der ihn anredet und fragt: „Was soll ich für dich tun?" Er bekommt sein Augenlicht wieder und folgt Jesus nach. Heilungsgeschichten sind im Neuen Testament oft Integrationsgeschichten. Kranke, besonders die ausgegrenzten Hautkranken und psychisch Kranken (Besessene), werden wieder in die Gemeinschaft zurückgeführt.

Behinderte wurden im 19. und 20. Jahrhundert von Kirche und Diakonie lange in abseits gelegenen Anstalten konzentriert. Die Häuser erhielten biblische Namen, um an den heilenden Jesus anzuknüpfen, die Behinderten aber wurden dadurch noch einmal separiert. Die diakonischen Anstalten wurden als „Städte der Nächstenliebe" gerühmt, besonders die Betheler Anstalten Friedrich von Bodelschwinghs bei Bielefeld, mit Diakonen und Diakonissen, die in der Nachfolge Jesu sich selbstlos in der Pflege der Kranken engagierten. Eine einfache Anstaltswelt, völlig getrennt vom normalen Leben, wurde so aufgebaut. Es sollte beschütztes Leben sein, das dann von den Nazis zu lebensunwertem Leben erklärt wurde. Sie hatten es leicht, die T 4-Aktion zur Vernichtung behinderter Menschen durchzuführen, eben weil die Behinderten in Anstalten konzentriert waren und die Anstaltsleiter sich nicht alle vor ihre Schutzbefohlenen stellten. Bodelschwingh allerdings tat es. Schlimmes Beispiel waren die Alsterdorfer Anstalten in Hamburg, in denen die leitenden Ärzte mit den Nazis kooperierten. Jetzt endlich, nach einem Jahrhundert der Separierung, öffnen die Anstalten ihre Pforten, reißen die Zäune nieder, versuchen so gut es geht, die Behinderten in Wohngemeinschaften verstreut über die Stadt wohnen und leben zu lassen, bauen Häuser, die von vornherein gemischt sind. Die Behinderten sind nicht mehr aus dem Blickfeld entfernt, sie leben mit den sog. Normalen zusammen, ohne sich schämen zu müssen. Gleichzeitig gibt es immer neuen Widerstand gegen die Ansiedelung von Behinderten-WGs in der Nachbarschaft, oft mit dem Argument, man fühle sich durch den Anblick von Behinderten gestört.

f. Nacktheit als Provokation und Ritual

Am 22. April 1969 stürmten drei junge Frauen in den Hörsaal 6 der Universität Frankfurt. Als der bekannte Philosoph Theodor W. Adorno sich eben anschickte, seine Vorlesung zu beginnen, entblößten sie ihre Brüste und bedrängten den berühmten Professor. Der wehrte sich mit seiner abwehrend gehaltenen Aktentasche und floh aus dem Hörsaal. In einer Stellungnahme betonte er, ihn hätte besonders gekränkt, dass die Studentinnen ausgerechnet ihn, der in sexuellen Dingen nie prüde war, ausgesucht hätten. Er starb kurz darauf an Herzversagen. Die Studentinnen, die über Adorno wenig bis gar nichts wussten, wurden, wie sie später einer Reporterin erzählten, von Scham über ihr schamloses Vorgehen heimgesucht.

Bis heute sind Provokationen, die mit Entblößung des Körpers arbeiten, an der Tagesordnung – sowohl im ästhetischen wie im politischen Bereich. Man denke an Gruppenfotos von Hunderten Nackter, an Masturbationsfotos von Frauen im Foto-Band *La petite Mort* von Will Santillo. Oder an das Auftreten von *Pussy Riot* in einer Moskauer Kirche, an die Feme-Gruppen. Das hat damit zu tun, dass die Verpönung von Sexualität in einer leibfeindlichen Kultur wie der europäisch-katholischen lange nachgewirkt hat und heute noch in konservativ-kirchlichen Gesellschaften virulent ist. Nacktszenen in Filmen waren in den 50er-Jahren noch eine Sensation. Als 14-jähriger versuchte ich, in eine Aufführung des Films *Nana* zu kommen, in dem der nackte Busen von Martine Carol zu sehen war. Die Darstellung von Sexualakten in den 60er-Jahren – man denke an Bergmanns *Schweigen*, an Bertoluccis *Letzten Tango in Paris* – war eine große Provokation, führte zum öffentlichen Protest gegen diese Filme. Heute ist die freizügige Darstellung von Sexualakten selbst im Abendprogramm des deutschen Fernsehens an der Regel. Aber in autoritären Gesellschaften wie der Russlands liegt in der Bloßstellung noch immer eine Provokation.

In einer Gesellschaft der totalen Veröffentlichung und der Sichtbarmachung früher verpönter Vorgänge, vor allem der Sexualität, hat ein Schamverlust stattgefunden. Die Darstellung von Nacktheit ist zum Beispiel im Theater fast alltäglich geworden. Von Nacktheit nicht nur metaphorisch zu reden, sondern sie auch zu zeigen, konnte in den Anfängen eines körperorientierten Theaters Schutzlosigkeit und Ausgesetztsein betonen. Wo ein Protagonist von seinen Triebunterdrückungen regiert wird und heuchlerisch agiert, sollte seine Nacktheit diesen Widerspruch sichtbar machen. Etwa in *Maß für Maß* von Shakespeare in einer Aufführung des Thalia-Theaters Hamburg. Ein Herzog verlässt seine Stadt und setzt seinen Bruder Angelo für die Zeit seiner Abwesenheit als Regent ein. Dieser – ein rigider Puritaner, der die Bedrohung durch das Chaotisch-Triebhafte bekämpfen will – verurteilt einen jungen Bürger zum Tod, weil er vor der Ehe mit seiner Braut geschlafen hat. Seine Schwester, die Novizin Isabella, versucht den Regenten umzustimmen und ihren Bruder zu retten. Daraufhin schlägt dieser Isabella einen schlimmen Deal vor: Er wolle ihren Bruder verschonen, wenn sie sich ihm hingeben würde. Um zu zeigen, wie Angelo unter seinem Begehren auch leidet, lässt ihn der Regisseur sich ausziehen. Er steht schließlich nackt auf der Bühne und schlägt sich hin und her windend selber. Nacktheit, die in manchen Aufführungen inzwischen zur ritualisierten Provokation verkommen ist, hat hier eine stringente Funktion.

Inzwischen ist die Zurschaustellung von sexuellen Regungen aber alltäglich geworden. Enthüllung funktioniert in einer liberal-freizügigen Gesellschaft kaum noch als Tabubruch. Es wird gevögelt, masturbiert, onaniert und mit obszönen Gesten agiert, dass es jedem Striptease-Schuppen in der Provinz Ehre machen würde. Der ins Theater gehende Kulturbürger winkt nur noch müde ab und lässt sich davon nicht mehr provozieren, ist vielleicht noch beunruhigt, wenn ganze Schulklassen das in einer Klassiker-Aufführung mitbekommen bzw. seine eigenen Kinder dabei sind. Aber es kann passieren, dass selbst einen abgebrühten Theaterbesucher wie mich noch Schamgefühle überkommen, wenn ich einen nackten Mann auf der Bühne sehe, weil ich mich mit ihm identifiziere.

Die gegenwärtige Diskussion um das Kopftuchtragen muslimischer Frauen sollte vor allem den Scham-Aspekt berücksichtigen. Der deutschtürkische Schriftsteller Feridun Zaimoglu nennt das Kopftuch bewusst „Schamtuch". In einer Gesellschaft der Zurschaustellung verlangt es Respekt für seine Trägerinnen, ist keine politische Demonstration für den Islam, wenn etwa Lehrerinnen es tragen. Das Bundesverfassungsgericht hat jüngst in diesem Sinne geurteilt und einige Bundesländer müssen jetzt ihr Kopftuchverbot in Schulen revidieren.

Als kulturelle Tradition des Islam, die zu ästhetischen Varianten Anreiz gibt, entfaltet das Kopftuch übrigens, wie ich in Teheran beobachten konnte, seinen eigenen Liebreiz.

Um ehrlich zu sein: Die aparte Verhüllung vieler schöner Frauen beschäftigt die Fantasie des Reisenden aus dem Westen. So auch die merkwürdige Hauptfigur Francois in Michel Houellebecqs am 7. Januar 2015 (dem Tag des Anschlags auf *Charlie Hebdo*) erschienenen und viel diskutierten Roman *Unterwerfung*. In diesem Roman entfaltet der Autor die Utopie, dass in einer Koalition von UPM, Sozialisten und Moslembruderschaft im Jahr 2020 ein moderater Muslim Präsident Frankreichs wird, was zu einer sukzessiven Islamisierung des Landes führt. Der Erzähler, ein Literaturprofessor und unangenehmer sexistischer Zeitgenosse, geht letztlich auf das Angebot einer islamischen Universität in Paris ein, weil deren Präsident verspricht, ihm das dreifache Gehalt zu zahlen und ihn mit mehreren jungen muslimischen Frauen zu versorgen. Deren liebreizende Unterordnung, in einigen Szenen vorgeführt, macht ihm die allgemeine Unterwerfung unter einen konservativen Islam – die Frauen gehören an den Herd – erträglich, ja sogar attraktiv. Wäre so etwas denkbar?

7. Über Danken, Loben und Freude

a. „Mein erst Gefühl sei Preis und Dank"
Der Dank am Morgen als Lob Gottes

„Hans-Jürgen, hast du dich bei Tante Tutti bedankt?!" Ich bekam etwas geschenkt, war noch mit dem Auspacken oder dem ersten Spiel mit dem Geschenk beschäftigt, wurde aber sofort von den Eltern mit leicht drohendem Unterton ermahnt, mich bei der Geberin zu bedanken. Tante Tutti war eine Seele von Mensch, nur mochte ich mich nicht gern bei ihr bedanken, weil sie einen mit feuchten Schmatzern an ihren großen Busen presste. Daher zögerte ich die Danksagung hinaus. Der Zwang zum Danksagen konnte einem als Kind das Glück des Beschenktseins vergällen.

Meistens bedankte man sich als Kind schon von allein, es dauerte nur etwas. Meine fünfjährige Enkelin Clara bekam letztes Jahr zu Weihnachten eine Puppenstube geschenkt. Verzückt stand sie eine Weile vor dem ersehnten hübschen Geschenk und sagte dann den mir unvergesslichen Satz: „Ach, was bin ich glücklich." Erst danach ging sie zu den Eltern und bedankte sich allerliebst. Ich hätte sie küssen und herzen können dafür.

Kinder, die zur Dankbarkeit ermahnt werden, könnten übrigens den Eltern mit dem Philosophen Kant antworten: Warum soll ich mich immer bei euch und den Verwandten bedanken? Denn, so Kant in der *Metaphysik der Sitten*: „Ihr habt mich ohne meine Einwilligung auf die Welt gesetzt und eigenmächtig in sie herübergebracht; für welche Tat auf euch nun auch eine Verbindlichkeit haftet, mich, soviel in euren Kräften ist, mit diesem meinem Zustande zufrieden zu machen." (Kant, 1968, 394)

Die eher ungute Erinnerung an die Zwangskultur des Dankens in der Kindheit bestimmt auch die Liedzeile „Mein erst Gefühl sei Preis und Dank". Auch hier wird in einer Art verdecktem Imperativ das Danken als ein Grundgefühl des religiösen Menschen eingefordert. Der Text ist von Christian Fürchtegott Gellert, Professor der Dichtkunst und Beredsamkeit in Leipzig, zu seiner Zeit ein berühmter und beliebter Dichter von Fabeln und Lustspielen. Es geht darin um das erste Gefühl am Morgen:

1. „Mein erst Gefühl sei Preis und Dank, / erheb ihn, meine Seele! / Der Herr hört deinen Lobgesang, / lobsing ihm, meine Seele!
4. Gelobet seist du, Gott der Macht, / gelobt sei deine Treue, / dass ich nach einer sanften Nacht / mich dieses Tags erfreue."

Der fromme Christ bittet dann um Segen und Bewahrung, nicht ohne die Selbstermahnung, an diesem Tag „als getreuer Knecht gottselig, züchtig und gerecht zu leben". Und weiter:

9. „Dass ich, dem Nächsten beizustehen, / nie Fleiß und Arbeit scheue, / mich gern an andrer Wohlergehen / und ihrer Tugend freue." (EG 451)

„Mein erst Gefühl sei Preis und Dank" fordert zum Dank als Grundhaltung des Christen gegenüber der ihn tragenden Macht Gottes des Schöpfers auf.

Persönlicher und enthusiastischer klingt dieser Dank bei Matthias Claudius in dem Lied *Täglich zu singen:*

„Ich danke Gott und freue mich / wie's Kind zur Weihnachtsgabe, / dass ich bin, bin! Und dass ich dich, / schön menschlich Antlitz, habe. / Dass ich die Sonne, Berg, Meer / und Laub und Gras kann sehen / und abends unterm Sternenheer / und lieben Monde gehen."

Ein Dankbarkeitsgefühl herrscht hier vor, das das Geschenk des Lebens mit dem Gefühl der Weihnachtsbescherung verbindet. Claudius entdeckt das Wunderbare im Alltäglichen. Er dankt für das „schön menschlich Antlitz", das ihn vor anderen Lebewesen auszeichnet. Denn der Mensch allein kann das Geschenk der Schöpfung empfinden und das im Unterschied zu den anderen Geschöpfen auch ausdrücken.Claudius dachte sich das Lied nach der Choralweise „Mein erst Gefühl sei Lob und Dank" von Michael Praetorius gesungen, verstand es also als Konkretisierung von Gellerts Morgenlied.

Lob- und Danklieder sind eine beliebte Gattung jüdisch-christlicher Selbstexpression. Ihre Urtexte und Vorbilder sind die Psalmen.

„Halleluja. Danket dem Herrn; denn er ist freundlich und sein Güte währet ewiglich." So beginnen die großen Dankpsalmen 106, 107 und 118. Dieser Danksatz ist falsch verstanden, so der Alttestamentler Claus Westermann in seinem Standardwerk *Das Loben Gottes in den Psalmen*, wenn er als dankbare Selbstaussage des Beters verstanden wird, etwa nach dem Schema:„Ich danke dir, Gott, dass du das und das für mich getan hast" (Westermann, 23 f.). Nein, Gott muss wieder das Subjekt werden und das als öffentliches Bekenntnis, sagt Westermann etwas schulmeisterlich. Er weist auf den wahrscheinlich ältesten Volkslobpsalm der hebräischen Bibel hin, das sogenannte Mirjam-Lied: „Singet Jahwe, denn hoch hat er sich erhoben, Ross und Wagen stürzte er ins Meer." Dieser Lobpsalm über die große Rettungstat Gottes beim Exodus, als die Ägypter jämmerlich im Roten Meer ertranken, ist der Kern des Glaubens Israels.

Natürlich kann man fragen, was die geschlagenen Ägypter über diesen Lobgesang zu Ehren Gottes dachten. Dazu erzählten die Rabbinen folgende Geschichte. Was tat Gott am Abend des Durchzugs durchs Rote Meer? Antwort: Gott weinte über seine ägyptischen Kinder. Eine schöne Einlassung, finde ich. Westermann kritisiert in seiner theozentrischen Betrachtung eine allzu große Subjektivität und Gefühligkeit beim Danken: „Im Loben wird der Gelobte erhöht, im Danken bleibt der Bedankte an seiner Stelle. Im Loben bin ich ganz auf den gerichtet, den ich lobe. Im Danken bedanke ich mich." (Westermann, 22)

Der Alttestamentler möchte also mit den Psalmen Gottes Handeln ins Zentrum stellen und damit das Loben Gottes. Die Psalmen rühmen Gottes Schöpfungs- und Geschichtstaten in vielen Umschreibungen.„Danket dem Herrn; denn er ist freundlich und seine Güte währet ewiglich. So sollen die sagen, die erlöst sind durch den Herrn, die er aus der Not erlöst hat … die irregingen in der Wüste, auf ungebahntem Wege … die hungrig und durstig waren und deren Seele verschmachtete, die dann zum Herrn riefen in ihrer Not und er errettete sie aus ihren Ängsten." (Ps 107,1 ff.)

Aber können wir Gott noch als denjenigen loben, der die Geschichte lenkt? Ist diese Geschichtstheologie nicht in den Katastrophen des 20. und 21. Jahrhunderts, in den Weltkriegen, vor allem aber in Auschwitz, längst in die Brüche gegangen? Anders als im Mirjamlied, so der jüdische Philosoph Hans Jonas, dessen Mutter in Auschwitz ermordet wurde, griff Gott eben nicht durch ein rettendes Wunder ein, „nicht weil er nicht wollte, sondern weil er nicht konnte". Jonas schlägt „die Idee eines Gottes" vor, „der sich jeder Macht der Einmischung in den physischen Verlauf der Weltdinge begeben hat; der dem Aufprall des weltlichen Geschehens auf sein eigenes Sein antwortet nicht mit 'starker Hand und ausgestrecktem Arm', wie wir Juden alljährlich im Gedenken an den Auszug aus Ägypten rezitieren, sondern mit dem eindringlich-stummen Werben seines unerfüllten Ziels." (Jonas, 41 f.)

Das sagte Jonas 1985 zu den Menschen in einem Land, das vor der Machtergreifung der Nazis als christlich galt, in dem die Täter und Mitläufer diese Dank- und Lob-Psalmen im Konfirmandenunterricht gehört und gelernt hatten.

Wie spiegelt sich im Evangelischen Gesangbuch die Tatsache, dass der Mensch die Erhaltung wie die Zerstörung der Welt in die eigene Hand genommen hat? Kann man diese hoch getönten Danklieder noch so singen wie vor den schrecklichen Ereignissen von Kriegen, Katastrophen und Naturzerstörungen? Ja, man kann! Vielleicht müssen wir es sogar tun. Denn wir möchten trotz der Katastrophen weiter für das Leben mit all seinen schönen Seiten danken, trotz der schrecklichen Dinge, die immer wieder geschehen – wie schlimme Krankheiten und Unglücksfälle. Deswegen wird der Wunsch nach gemeinsamer Erhebung im Lob- und Danklied weiter bestehen. Er gehört zum Menschsein. Wir lernen unter Schmerzen und Enttäuschungen, dass das Leben schön und schrecklich ist; wir begreifen, dass Gott nicht das Gute, sondern das Ganze ist, der tragende Grund der Welt, zu der auch das Negativ-Zerstörerische gehört.

b. Von „Nun danket alle Gott" bis „Danke für diesen guten Morgen"
Danklieder im Evangelischen Gesangbuch

„Nun danket alle Gott mit Herzen Mund und Händen, der große Dinge tut an uns und allen Enden, der uns von Mutterleib und Kindesbeinen an unzählig viel zu gut bis hierher hat getan." So die erste Strophe von Martin Rinckarts berühmtem Danklied (EG 321). Es ist das beliebteste und am häufigsten gesungene Danklied in der Evangelischen Kirche. Bei feierlichen Anlässen, bei Taufen, Konfirmationen und Trauungen, bei der Silbernen und Goldenen Hochzeit wird es gerne gesungen. Bei Festgottesdiensten, Einführungen und Verabschiedungen, bei Kirchentagen und anderen feierlichen Anlässen.

Angestimmt wurde es spontan vor dem Berliner Schloss im August 1914, als ein Offizier die allgemeine Mobilmachung gegen Russland bekanntgab. Aber auch 1955, als im Durchgangslager Friedland die ersten Kriegsgefangenen aus der Sowjetunion zurückkamen, deren Freilassung Bundeskanzler Adenauer zuvor bei seiner Moskaureise mit der sowjetischen Führung ausgehandelt hatte. Manche Angehörigen lassen „Nun danket alle Gott" sogar bei Trauerfeiern singen, als Zeichen der Dankbarkeit für ein langes gemeinsames Leben. Das Lied ist ökumenisch, es steht im Gesangbuch in einer englischen und französischen Übersetzung und wird auch von den Katholiken gesungen.

Ein schlichtes zeitgenössisches Dank-Liedchen von Martin Gotthard Schneider hat es auch ins Gesangbuch geschafft. Es ist die Nr. 334.und heißt „Danke für diesen guten Morgen". Mit diesem Lied gewann der badische Theologe und Kirchenmusiker beim Liederwettbewerb der evangelischen Akademie Tutzing 1961 den ersten Preis. Es ist sprachlich und musikalisch nicht gerade ein Meisterwerk, aber in seiner Schlichtheit doch überzeugend:„Danke für diesen guten Morgen, danke für jeden neuen Tag. Danke, dass ich all meine Sorgen auf dich werfen mag. Danke für alle guten Freunde, danke, o Herr, für jedermann. Danke, wenn auch dem größten Feinde ich verzeihen kann."

Und so geht es weiter mit dem Dank für die Arbeitsstelle, das kleine Glück, die Musik, die Traurigkeiten, schließlich auch für Gottes Wort, Geist und Liebe. Um dann in den Schlussvers zu münden: „Danke, dein Heil kennt keine Schranken, danke, ich halt mich fest daran. Danke, ach Herr, ich will dir danken, dass ich danken kann." Das ist schlicht, um nicht zu sagen banal. Und doch fundamental, denn es bringt doch ein Gefühl des Danks Gott gegenüber zum Ausdruck, das im Alltag des Christen verloren zu gehen droht. Mit Konfirmanden kann man dieses Lied gut singen auf Freizeiten und so zumindest einen Rest von Bewusstsein dafür retten, dass nicht alles selbstverständlich ist. Das Dankgebet als ein Moment des Innehaltens im Alltag von Produktion und Konsum. Wie beim Tischgebet. In der Mensa habe ich oft beobachtet, wie Studenten, den Teller in der Hand, sich setzten und übergangslos, noch halb im Hinsetzen begriffen, anfingen zu essen. Gegen diese Gedanken- und Danklosigkeit an alte Rituale zu erinnern, sie wieder einzuüben, ist sinnvoll. Unsere zappeligen Kinder brauchen Rituale, um in der Flut der auf sie einstürzenden Medien sich zurechtzufinden.

c. „Ich danke dir, lieber Gott, für meinen Hamster!"

Dankbücher in Kirchen

In der Kirche von Nebel auf der Insel Amrum liegt, wie in vielen anderen Kirchen, ein Buch, in das der Besucher Dankgebete, aber auch Gebetsbitten eintragen kann. Ich habe darin ein wenig geblättert, das mag indiskret sein. Aber ich habe es getan, weil es mich berührt, was Menschen vor Gott bringen (und ich habe auch selber schon in solche Bücher Dank und Bitten eingetragen). Ich finde es anrührend, wie Menschen ihre Anliegen vor Gott ausdrücken – Kinder, die für die Aufnahme ihres gestorbenen Haustiers in den Himmel beten; Paare, die um Gelingen ihrer Beziehung bitten; Ältere, die ihre Trauer um den Verlust des geliebten Partners dem Buch anvertrauen; andere, die für ein langes Leben mit dem Ehepartner danken; manche, die nur sagen, dass eine Sorge von ihnen genommen wurde; viele, die einfach dafür danken, dass sie auf dieser schönen Insel ein paar Tage verbringen durften, die für das gute Wetter danken oder ihre Freude über die schöne Kirche zum Ausdruck bringen, für ein bewegendes Konzert danken usw. Auf schlichte Weise wird Gott gelobt. Das, was im anstrengenden Alltag verloren geht, das Innehalten und Sichvergewissern, kann im Urlaub wieder zutage treten. Dazu gehören Naturerfahrungen wie der Blick auf das weite Meer und das Gebirge, das Erlebnis des Sonnenuntergangs und des Mondaufgangs.

Dazu gehören aber auch mitmenschliche Erfahrungen wie lange gemeinsame Spaziergänge, heitere Gespräche oder eine vom Alltagsstress unbelastete Sexualität. Der Mensch wird wieder zurückversetzt in einen Zustand von Ursprünglichkeit, von paradiesischer Erfahrung. Die Sinne, durch zivilisatorische Zwänge erschöpft, werden wieder aufgefrischt. Neben den fünf Sinnen auch der Zeitsinn. Im *Zauberberg* beschreibt Thomas Mann den Urlaub als Auffrischung des Zeitsinns:

„Wir wissen wohl, daß die Einschaltung von Neu-und Umgewöhnungen das einzige Mittel ist, unser Leben zu erhalten, unseren Zeitsinn aufzufrischen, eine Verjüngung, Verstärkung Verlangsamung unseres Zeiterlebens und damit eine Erneuerung unseres Lebensgefühls überhaupt zu erzielen." (Mann, 1959, 148)

Dies sei der Zweck des Orts- und Luftwechsels, der Badereise, wie Thomas Mann großbürgerlich sagte und sie auf vier Wochen ansetzte. Vier Wochen Urlaub sind heute gesetzlich garantiert, die gesetzliche Mindesturlaubsdauer beträgt in der BRD unabhängig vom Lebensalter 24 Werktage im Kalenderjahr (BUrlG vom 8.1.1963; Werktag ist auch der Samstag, aber tarif- und einzelvertragliche Regelungen behandeln ihn nicht als Werktag, sodass die Mindestdauer von vier Wochen erreicht wird). Aber es gibt noch viele Deutsche, die es sich nicht leisten können, länger zu verreisen, ihre Sinne aufzufrischen und vielleicht in einem Dankbuch ihren Dank Gott oder wem auch immer abzustatten.

d. Empfänger unbekannt

Ein modernes Dankgedicht

Gerade das, was Westermann am Danken kritisiert, dass es den Dankenden und seine Gefühle ins Zentrum stellt, dass der Dankende wichtiger ist als Gott, der im Lob gepriesen wird, ist das, was an religiöser Haltung in einer säkularen Welt heute noch Bestand hat. Auch wenn Gott wegfällt, bleibt die Dankbarkeit als eine existenziell-fromme Haltung gegenüber dem Leben und der Welt. Der Dank gründet im Staunen darüber, dass man überhaupt ist, dass einem das Leben gegeben ist in einem grenzenlosen und kalten Universum. Wieso ist überhaupt etwas und nicht nichts? Auch der skeptische Zeitgenosse, der nicht mehr an einen fürsorglichen Weltschöpfer glaubt, kann doch für das Leben, seine Annehmlichkeiten und Belastungen, dankbar sein. Etwa wie Hans Magnus Enzensberger formuliert (Enzensberger, 124): „Vielen Dank für die Wolken. / Vielen Dank für das Wohltemperierte Klavier / und, warum nicht, für die warmen Winterstiefel. / Vielen Dank ... für den Bordeaux. / Herzlichen Dank dafür, dass mir das Feuerzeug nicht ausgeht, / und die Begierde ... und natürlich für die Erdbeeren auf dem Teller, / gemalt von Chardin, und für den Schlaf, / für den Schlaf ganz besonders, / und, damit ich es nicht vergesse, / für den Anfang und das Ende / und die paar Minuten dazwischen / inständigen Dank, / meinetwegen für die Wühlmäuse draußen im Garten auch."

Dies Gedicht eines alles andere als fromm geltenden Schriftstellers steht in der Tradition der biblischen Dankpsalmen und von Luthers Erklärung zum ersten Artikel des Glaubens im Kleinen Katechismus. Vor dem Hintergrund der Dankbarkeit für das Leben nennt Enzensberger wie Luther Großes und Kleines, Natürliches und Kulturelles in bunter Mischung, ironisch gebrochen. Das, was er nennt, verrät einen bildungsbürgerlich-intellektuellen Hintergrund, einen ausgewählten Geschmack – der Danksager hört (oder spielt sogar) das Wohltemperierte Klavier, er trinkt Bordeaux und er dankt nicht einfach für Erdbeeren, sondern für Erdbeeren gemalt vom großen französischen Maler des 18. Jahrhunderts, Chardin. Er bedankt sich in Absetzung von einer verengten christlichen Moral auch für die Begierde, er dankt für den Schlaf und bedenkt die Kürze des Lebens zwischen Anfang und Ende.

Auch das Ärgerliche und Zerstörerische, die Wühlmäuse im Garten, schließt Enzensberger in den Dank ein. Er hätte in seinem Dankpsalm auch lästige Krankheiten wie Erkältungen mit Schnupfen und Reizhusten nennen können. Schließlich verrät der Autor seine Kenntnis der Dankkultur, indem er die Danksagungsformeln variiert – vielen, herzlichen, inständigen Dank. Gott redet er nicht mehr an, aber er schließt ihn als Empfänger des Danks nicht ganz aus, wenn Enzensberger das Gedicht nennt: *Empfänger unbekannt. Retour a l'expediteur.* Es ist wie eine auf den weiten Ozean des Lebens geschickte Flaschenpost.

e. Das stimmige Gefühl des Gotteslobs
bei Paul Gerhardt

Das Lob Gottes umschließt den Dank des Menschen. *Gotteslob* heißt das Gesangbuch der katholischen Kirche und bringt damit auf den Begriff, was die Haltung des Christen im Unterschied zum nichtchristlichen Zeitgenossen auszeichnet. Er will mit seinem Singen und Beten zuerst und vor allem Gott loben. Er will in der Gemeinschaft der Singenden sich über die Widrigkeiten des Alltags erheben und Gott preisen.

Am schönsten geschieht das in Paul Gerhardts Liedern, deswegen werden sie trotz ihrer theologischen Vollmundigkeit heute noch so gern gesungen. Was seine Lieder vor allem auszeichnet, ist das Ich im Wir der

Gemeinde. Er ist gewissermaßen ihr Tröster. Der soziologische Ort dieser Lieder ist die Gemeinde der Kleinen, Beladenen, Mühseligen, das „Ensemble der Opfer", wie Ernst Lange das genannt hat.

Für die einfachen Menschen in Berlin vor allem, für die ungebildeten, die nicht lesen und schreiben können, hat Paul Gerhardt gedichtet und haben Krüger und Ebeling komponiert, nicht für die Adligen am Hof. Die kleinen Leute sollten fassliche und tröstliche Lieder haben. Indem sie die Liedstrophen singt, begibt die Gemeinde sich auf eine Reise der Gemütsermutigung. Der Dichter holt sie ab in ihrer Passivität, Niedergeschlagenheit, ihren Zweifeln und ihrer Trägheit. Auffällig sind die Appelle und Ermunterungen in den Liedanfängen. Herrlich in dem Osterlied: „Auf, auf, mein Herz, mit Freuden, nimm wahr, was jetzt geschieht, wie kommt nach großem Leiden, nun ein so großes Licht." Das hat einen Schwung, der selbst den verstocktesten Leugner der existenziellen Osterbotschaft mitreißen müsste, dass er trotz aller Kritik doch Christi Geselle bei dieser verwegenen Fahrt durch Tod, Welt, Sünd und Not bleibt, wie es in einem Vers heißt (EG 112,1-3.5).

Es sind jene vielen Aufforderungen, die wie Befehle klingen und doch anders gemeint sind: So in dem bekanntesten Vertrauenslied, das auch den postmodernen, rundum allianzversicherten Christen noch anspricht: „Befiehl du deine Wege und was dein Herze kränkt der allertreusten Pflege des, der den Himmel lenkt." Mitten in diesem Lied findet sich die Aufforderung: „Auf, auf, gib deinem Schmerze und Sorgen gute Nacht, lass fahren, was das Herze betrübt und traurig macht."

In Gerhardts Liedern begeben wir uns mit dem frommen Poeten auf das Hochseil einer artistischen Glaubensnummer. Wir tänzeln über dem Abgrund der Widrigkeiten des Lebens, erleben eine Gottesbegeisterung und geistliche Aufschwünge, derer wir sonst nicht fähig sind. „Mein Herze geht in Sprüngen", es schlägt einen dreifachen Salto. Aber es gibt natürlich auch die Gefahr des Absturzes, wo die Bilder verunglücken, wo das Sprachseil zerreißt und wir in die Banalitäten des Alltags zurückkehren aus dem hochgetönten Sprachspiel des Barockdichters. Wenn wir aus dem Gottesdienst hinaustreten in die Welt der Konzernpaläste und Einkaufsmeilen, in die Fluchten der Büroräume, die Arbeitswelten der Gewerbeparks und die tristen Hochhaussiedlungen, was klingt da nach? Was hat dort noch verwandelnde Kraft? Was geschieht dort, wo in den Sälen der

Cinemaxx-Paläste die Tröstungen der Kinoreligion das Weltvertrauen bestimmen – und das nicht mal schlecht machen? Wo die allgegenwärtige Popmusik das Gefühlserleben der Kinder und Jugendlichen dominiert, wo Herz und Schmerz sich reimen, wo der Heartbeat schlägt? Wo all jene Gottes- und Christusliebe der barocken Musik und Sprachrede sich verwandelt zum Starkult der Pop-Idole, jener Götter auf der Durchreise, die ähnlich flüchtige Epiphanien vorführen wie der schnell vergehende Gesang eines Gerhardt-Liedes in großer Gemeinde?

f. Vom ungebrochenen zum falschen Lob
Von Neander bis Brecht

Das klassische Loblied ist das 1680 von Joachim Neander verfasste „Lobe den Herren, den mächtigen König der Ehren, meine geliebte Seele, das ist mein Begehren. Kommet zuhauf, Psalter und Harfe wacht auf, lasset den Lobgesang hören." (EG 316)

Es gibt keinen Missklang in diesem Choral. Alles wird von dem herrlich regierenden Gott sicher geleitet. Er führt wie auf Adelers Fittichen, er breitet Flügel aus. Er garantiert Gesundheit, Notabwehr, sichtbaren Segen, regnet Ströme der Liebe. Es ist eine pietistische Begeisterung in diesem Lied. Das fromme Ich singt sich hier ungebrochen aus. Und man darf sich den Schulrektor Neander vorstellen, wie er in dem nach ihm benannten Tal bei Düsseldorf (das dann im 19. Jahrhundert dem dort gefundenen Urmenschen den Namen gab) um 1680 spazieren gehend seine Lieder rezitierte oder sang. Es ist wie sein katholisches Pendant, das „Großer Gott, wir loben dich" von Ignaz Franz (eine Verdeutschung des altkirchlichen *Te deum laudamus*), ein ungebrochenes Lob Gottes. Ein Gotteslob, das in Zeiten der innigen Allianz von Kirche und Staat auch oft missbraucht wurde, etwa bei Siegesfeiern, Staatsakten und zur Stärkung des Kampfwillens im Felde.

Ungebrochenes Lob lädt aber auch zur Parodie ein. Eine solche auf Neanders Choral ist Bertolt Brechts *Großer Dankchoral* in der 1925 erschienenen Hauspostille, der so beginnt (Brecht, 1967, 215 f.): „Lobet die Nacht und die Finsternis, die euch umfangen. / Kommet zuhauf, / schaut in den Himmel hinauf. / Schon ist der Tag euch vergangen."

Es ist eine Verkehrung des Gotteslobs. Der Blick in den gestirnten Himmel zeigt statt sinnhafter Weltordnung nur die vergehende Zeit: „Lobet von Herzen das schlechte Gedächtnis des Himmels. / Und daß er nicht / weiß euren Nam' noch Gesicht, / niemand weiß, daß ihr noch da seid."

Das ist harte Anti-Theologie. Denn dass Gott unserer gedenkt, ist Zentrum jüdisch-christlichen Glaubens: „Fürchte dich nicht, ich habe dich erlöst, ich habe dich bei deinem Namen gerufen, du bist mein." Dieser Jesaja-Spruch ist eine der beliebtesten Tauf- und Konfirmationsverse. Aber Brechts Gegentext ist auch Aufnahme des Zweifels, der in den Klagepsalmen dem abwesenden Gott gilt, der die Frommen eben nicht vor den Gottlosen errettet. „Lobet die Kälte, die Finsternis und das Verderben, / schauet hinan, / es kommet nicht auf euch an / und ihr könnt unbesorgt sterben."

Dieser „große Dankchoral", der sich zum Lob der Sinnlosigkeit erhebt, ist ein eindrucksvoller Gegentext zu Neanders berühmten Loblied, das in feierlichen Stunden mit ebenso viel Gefühl wie Gedankenlosigkeit gesungen wird. Brecht hat Neanders ermunternde Frage (Hast du nicht dieses verspüret?) und seine Ermahnung (Denke daran, was der Allmächtige kann!), hinter denen drohend der autoritäre Vatergott steckt, ihrer Gewissheit entkleidet. Bei Brecht wird der Mensch ohne einen ihn herrlich regierenden Gott klein und bedeutungslos. In diesem Lob eigener Bedeutungslosigkeit könnte man schon eine Vorwegnahme von Camus' heroischer Akzeptanz der Sinnlosigkeit sehen; es hat aber auch etwas erheiternd Befreiendes, wenn man es gelegentlich singt gegen den volltönenden Neander-Choral.

g. Von „Jesu meine Freude" zu „Freude schöner Götterfunken"
Der Affekt der Freude bei Bach, Schiller und Beethoven

Die Freude gilt nach Aristoteles als einer der elf Affekte, die in der Regel eine Mischung aus Lust und Leid sind. Besonders Musik kann diesen Affekt der Freude hervorrufen. Die sakrale Musik liefert dafür die schönsten Beispiele – Bachs *Et resurrexit* in der *H-moll-Messe*, Händels *Halleluja* im *Messias*, Carl Philipp Emanuel Bachs Triumph-Chor im Auferstehungs-Oratorium, Haydns Lobpreischöre in der *Schöpfung*, aber auch der Weinernte-Jubel mit dem herrlichen „Juchhe" in den *Vier Jahreszeiten*.

Es lohnt, dem Ursprung dieser Freudengesänge nachzugehen. Irdische und himmlische Liebe werden ähnlich intensiv besungen. Und deswegen auch gegenseitig parodiert. Weltliche Madrigale besingen die Freude über den Geliebten, Kirchenlieder drücken die Freude über den geliebten Erlöser aus. Christusminne und Frauenminne beerben und verstärken sich gegenseitig. Etwa „In dir ist Freude in allem Leide, o du süßer Jesu Christ" auf eine beschwingte Melodie des italienischen Renaissance-Komponisten Gastoldi (EG 398). Grund der Freude ist das Errettet- und Geborgensein in Christus. Diese wiederum hat ihr Vorbild in der Freude der alttestamentlichen Beter an Gott. Es ist eine Heilsfreude, ähnlich der Freude, die Luther durch die reformatorische Entdeckung erfuhr.

Die Freude auf das Jenseits besingt das Lied „Jesu, meine Freude, meines Herzens Weide, Jesu, meine Zier." (EG 396)

Der Text von Johann Franck wurde von Johann Crüger vertont und zum Ausgangpunkt für Bachs große Mottete *Jesu meine Freude*. Sie wurde im Juli 1723, wenige Wochen nach Bachs Antritt als Thomaskantor, zur Beerdigung einer „verwittibten Ober-Postmeisterin" gesungen. Bach hat die Verse aus dem theologisch anspruchsvollen achten Kapitel des Römerbriefs, die der Trauerpredigt zugrunde lagen, mit den Strophen des bekannten Kirchenlieds von Franck in der Weise verbunden, dass Choralstrophe und Bibelwort einander abwechseln, mit der Aussage „Ihr aber seid nicht fleischlich, sondern im Geist" als Zentrum, um das sich alles gruppiert. Mit barocker Beredsamkeit wird das Gehaltensein in Jesus beschrieben. „Ach wie lang, ach lange ist dem Herzen bange und verlangt nach dir." Eine verwegene Glaubensgewissheit bricht sich hier Bahn, die es mit Satan, Sünd und Hölle gleichermaßen aufnimmt. Die dem alten Drachen, dem Todesrachen, der Todesfurcht Trotz ansagt, von Bach musikalisch genial umgesetzt, die ein Gehaltensein in einer tobenden Welt beschwört. Die Wortauslegung der Texte durch bildhafte oder affekthafte Figuren (etwa der Sechszehntellauf bei „Tobe") zeigt Bach als einen musicus poeticus, der den Hörer nach altem Musikverständnis zu bewegen, zu ergötzen und zu belehren trachtet. „Elend, Not, Kreuz, Schmach und Tod soll mich, ob ich viel muß leiden, nicht von Jesus scheiden." Existenziell ist das in unseren gesicherten und friedlichen Wohlstandsbreiten weit, weit weg, wäre wohl kaum ein Trost für die Hinterbliebenen. Ästhetisch rückt es durch Bachs Komposition wieder nahe, wenn es kracht und blitzt und der „alte Drachen tobt", wenn den Sünden „gute Nacht" gesagt wird. Aber eben nur ästhetisch. „Weicht, ihr Trauergeister, denn mein Freudenmeister, Jesus, tritt herein." Dieser Freudenmeister Jesus ist nicht mehr unser Zeitgenosse, auch wenn die guten Kirchenchöre mit dieser Motette gerne ihre Kunstfertigkeit unter Beweis stellen.

Eine Säkularisierung dieser Freude unter antikem Vorzeichen unternimmt Friedrich Schiller in seiner *Ode an die Freude*. Nicht von ungefähr ist Beethovens 9. Sinfonie mit der Ode an die Freude auf den Text von Schiller so etwas wie eine inoffizielle Hymne Europas geworden. Beethovens Neunte wurde nach dem Fall der Mauer 1989 bei einem Festkonzert in der Berliner Waldbühne gespielt. Sie verlieh dem Unglaublichen des Mauerfalls – „Wahnsinn" hieß es immer wieder in den Ausrufen der Menschen, die auf einmal gefahrlos über die innerdeutsche Grenze gehen konnten – eine musikalische Sprache. Und das, obwohl der Text Schillers selber eher fremd wirkt: „Freude schöner Götterfunken, Tochter aus Elysium, wir betreten freudetrunken, Himmlische, dein Heiligtum. Deine Zauber binden wieder, was die Mode streng geteilt; alle Menschen werden Brüder, wo dein sanfter Flügel weilt." Die antik getönte, mit Bildungsballast beschwerte Beschwörung der himmlischen Freude als Menschenverbrüderung fand in der Verbrüderung der Menschen in Ost und West durch die errungene Freizügigkeit eine aktuelle Gestalt. Zwar nicht die Mode, sondern der Kalte Krieg mit dem eisernen Vorhang hatte Europa streng geteilt in Ost und West. Obwohl Aufbau und Hintergrund der 9. Sinfonie komplex sind, hat sie es mit ihrer Freudenmelodie zum Hit geschafft.

In der Einleitung zum letzten Satz der 9. Sinfonie werden zunächst die Themen der vorherigen Sätze zitiert, aber durch Einsprüche der Kontrabässe zurückgewiesen. Doch dann intonieren zunächst die Bässe und ihnen folgend die übrigen Instrumente – der Klangfarbe nach aufsteigend vom zarten Streicherkolorit bis zum festlichen Hörner- und Trompetenklang – die Freudenmelodie. Aber noch einmal schlägt die Stimmung um und die verzweiflungsvollen Aufschreie der Einleitung ertönen von Neuem. Etwas fehlt noch, die menschliche Stimme. Und hier ist es, wo die Bass-Stimme mahnend ausruft: „O Freunde, nicht diese Töne, sondern lasst uns angenehmere anstimmen und freudenvollere", dann zweimal den Ruf „Freude"

erklingen lässt und ihr schlicht vorwärtsschreitendes „Freude schöner Götterfunken, Tochter aus Elysium" anstimmt, das aufgenommen vom Chor
„alle Phasen freudiger Erregung durchläuft und sich vom heiteren Fest-
gesang bis zum bacchantisch brausenden Hymnus steigert" (Paul Bekker).

Der Chor beginnt in gewaltigen Tonschritten mit dem Vers: „Seid umschlungen, Millionen, diesen Kuss der ganzen Welt. Brüder, überm Sternenzelt muss ein lieber Vater wohnen." Gott als Urquell der Liebe. Dann
das tastend-ängstliche: „Ihr stürzt nieder, Millionen. Ahnest du den Schöpfer, Welt?" Übergehend ins lichtvolle, dem Aufgang des Abendsterns glei-
chende: „Such ihn überm Sternenzelt. Über Sternen muss er wohnen."

Das zweimalige Muss zeigt, dass an die Existenz dieses liebenden Vaters nicht mehr richtig geglaubt wird. Es ist mehr eine nostalgische Erinnerung denn ein sicherer Glaubensschatz. In Beethovens feierlicher
Tonsprache wird er als astrales Echo in den höchsten Tönen der Frauen-
stimmen zu einem interstellaren Gottesbeweis.

Je länger aber der Chorsatz dauert, umso mehr bekommt er durch die
gehämmerte Freudenmelodie in den Chorpartien etwas Affirmatives, fast
Zwanghaftes. Die dauernden Steigerungen können den Zweifel, der sich
ob soviel Überschwangs einnistet, nicht ganz beseitigen. Im Gegenteil.
Da will etwas über sich hinaus und schafft es doch nicht. Oder ist das eher
meine Skepsis, mein Genervtsein vom bürgerlichen Musik- und Festbe-
trieb, der zu Silvester oder am Tag der deutschen Einheit, dem 3. Oktober,
die große Freude vom Oktober 1989 noch einmal beschwört im Ritual der
9. Sinfonie?! Immerhin, im ätherischen H-Dur-Satz des Soloquartetts kurz
vor Schluss wird noch einmal innegehalten, sich aufwölbend in der
Stimmführung bis an die höchsten Sterne, um dann leiser werdend dem fi-
nalen Chorjubel Raum zu geben.

Dennoch: Die durch Beethovens Musik auf die Schiller-Ode ausgedrückte
Hoffnung der deutschen Klassik auf ein Reich der Freiheit und Freude, wo
Freundschaft die Beziehungen der Menschen bestimmt, wo „Freiheit
durch Freiheit gegeben" wird (wie Schiller es ausdrückte) und nicht durch
Zwang und Terror, fand nach zwei von Deutschland ausgehenden Katastrophen endlich mit einer Revolution ohne Gewalt, der Wende von 1989,
eine schöne Umsetzung. Spontane Freude im Unterschied zum staatlich
verfügten Jubel in zwei deutschen Diktaturen. Insofern war die hymnische

Aufführung der 9. Sinfonie nach dem Mauerfall die Zurücknahme jener Zurücknahme dieser Sinfonie, die Thomas Mann in seinem *Doktor Faustus*-Roman den Musiker Adrian Leverkühn aussprechen lässt. Das Leverkühn persönlich zutiefst berührende Sterben des kleinen Nepomuk Schneidewein weitet sich zur allgemeinen Zurücknahme, weil alle mit dieser Sinfonie verbundenen Befreiungshoffnungen gescheitert sind, wie er im Gespräch mit dem Freund ausführt: „Ich habe gefunden, *es soll nicht sein.*" – „Was, Adrian, soll nicht sein?" – „Das Gute, das Edle, was man das Menschliche nennt, obwohl es gut und edel ist ... es wird zurückgenommen, ich will es zurücknehmen." Und auf die Nachfrage des Freundes: „Was willst du zurücknehmen?" – „Die Neunte Symphonie." (Mann, 2007, 692 f.)

Diese Zurücknahme der 9. Sinfonie Beethovens war von Thomas Mann durchaus ernst gemeint als Reaktion auf den Teufelspakt des Künstlers Leverkühn und zugleich auf den mit Blut besiegelten Zivilisationsbruch, der sich mit der Naziherrschaft in Deutschland ereignete. Die letzten Sätze des Romans, Michelangelos Darstellung des Weltgerichts in der Sixtinischen Kapelle aufnehmend, lauten: „Heute stürzt es, von Dämonen umschlungen, über einem Auge die Hand und mit dem andern ins Grauen starrend, hinab von Verzweiflung zu Verzweiflung ... Wann wird aus der letzten Hoffnungslosigkeit ein Wunder, das über den Glauben geht, das Licht der Hoffnung tragen? Ein einsamer Mann faltet seine Hände und spricht: Gott sei eurer armen Seele gnädig, mein Freund, mein Vaterland!" (Mann, 2007, 738)

Thomas Mann war skeptisch, was die demokratische Erneuerung Deutschlands betraf. Überliefert ist sein Satz, man müsse wohl erst eine Million ins Nazi-System verstrickter Deutscher umbringen, um neu anfangen zu können. Die schnelle Rückkehr Deutschlands in den Kreis zivilisierter Nationen mit Gründung der BRD auf Basis eines Grundgesetzes, das die Achtung der Menschenwürde an den Anfang stellt, und mit der nachgeholten Aufarbeitung der Naziverbrechen seit dem Auschwitzprozess 1963 war nicht vorhersehbar. Ebenso wenig die gewaltfreie Beendigung des Experiments eines autoritär-sozialistischen Staates in Gestalt der DDR 40 Jahre später. Nun also doch Gelingen, Freude, Jubel. Fall der Mauer, Öffnung der Grenzübergänge, Wiedervereinigung, Wahnsinn, Glück.

8. Zum Schluss:
Glaube als inneres Gefühl

a. Der christliche Glaube als gefühlte „innere Wahrheit"
Eine Entdeckung Lessings

Als Theologiestudent schämte ich mich manchmal, in studentischen Kreisen mein Studienfach zu nennen. In einer weithin säkularisierten Gesellschaft wirkte mein Berufswunsch „Theologe und Pfarrer" fremd, sorgte für erstaunte Reaktionen, gelegentlich für ironische Kommentare. Auch nagte die historisch-kritische Bibelauslegung, die ich bei meinen Lehrern lernte, an meiner innersten Überzeugung des Christseins. Damit wiederholte sich bei mir ein Spannungszustand, den 200 Jahre zuvor Gotthold Ephraim Lessing benannt hatte. Im Zusammenhang des Streits über die bibelkritischen *Fragmente eines Ungenannten* spricht er vom Glauben als inneres Gefühl überzeugter Christen, den er dadurch nicht antasten wolle.

Für Lessing sind die Fragmente ein Mittel, die Spannungen in der zeitgenössischen Theologie ans Licht zu bringen. In seinen erläuternden *Gegensätzen des Herausgebers* stellt Lessing klar, worum es ihm geht – den „Geist" der Religion vom „Buchstaben" der Heiligen Schrift zu unterscheiden. Einerseits verwirft er damit das zentrale Prinzip der lutherischen Theologie, nach dem allein die Schrift die höchste Autorität in Glaubensfragen darstellt. Andererseits aber kann er das, worin der Christ „sich so selig fühlet", den Glauben, als Schutz gegen Anfechtungen deutlicher benennen. „Was gehen den Christen dieses Mannes (des Verfassers der Fragmente, HJB) Hypothesen, Erklärungen und Beweise an? Ihm ist doch einmal da das Christentum, welches er so wahr, in welchem er sich so selig fühlet." (Lessing, 327)

Lessing kann so den Glauben der einfachen Menschen gegen die Angriffe der Fragmentaristen schützen. Er nennt dies „die innere Wahrheit der Religion" und verweist darauf, dass das Christentum da war, bevor Evangelisten und Apostel es aufzuschreiben begannen. Denn „die Religion ist nicht wahr, weil die Evangelisten und Apostel sie lehrten, sondern sie lehrten sie, weil sie wahr ist. Aus ihrer inneren Wahrheit müssen die schriftlichen Überlieferungen erklärt werden, und alle schriftlichen Überlieferungen können ihr keine Wahrheit geben, wenn sie keine hat." (Lessing, 328)

Glaube ist also etwas Unzerstörbares im Menschen, ein Gefühl, in dem er sich selig fühlt. Lessing begründet mit dieser Unterscheidung den sogenannten Neuprotestantismus, der dann bei Schleiermacher eine erste bestimmende Ausformung findet. Der Richter in Lessings Ringparabel fordert bekanntlich die Brüder, sprich die streitenden Religionen dazu auf, dass jeder „seiner von Vorurteilen freien Liebe nacheifern" und die Kraft des Steins „mit Sanftmut, mit herzlicher Verträglichkeit, Wohltun und Ergebenheit in Gott" erweisen soll. Dieser ethische Minimalkonsens meint aber keine Entprofilierung der jeweiligen Religion. Jeder kann und soll bei seiner angestammten Religion bleiben, „in der er sich selig fühlt", wenn er nur die praktische Humanität „der von Vorurteilen freien Liebe" lebt. Erst Mensch, dann Jude, Christ, Moslem – das war Lessings Direktive. „Ah, wenn ich einen mehr in euch gefunden hätte, dem es genügt, ein Mensch zu heißen", sagt Nathan zum Tempelherrn. In dieser universalistischen Perspektive unterschätzte Lessing aber die partikulare Kraft des Glaubens, die eben auch an äußerlichen Bräuchen hängt (Kippa, Kreuz, Kopftuch) und mit der „inneren Wahrheit" eine seltsame Symbiose eingeht. Das Gefühl der inneren Wahrheit braucht äußere Rituale wie sakrale Räume, den Gottesdienst, die heiligen Bücher und die Wallfahrten.

b. „Und wenn du ganz in dem Gefühle selig bist"

Faust als Gefühlstheologe

In Goethes *Faust 1* gibt es ein pantheistisches Glaubensbekenntnis, das ebenfalls das Gefühl ins Zentrum stellt (es steht schon fast wortgleich im *Urfaust*). „Glaubst du an Gott?", fragt Margarete ganz direkt.

Faust antwortet zunächst ausweichend, um dann zunehmend begeistert in freien, auch reimlosen Rhythmen geradezu hymnisch von seinem Glauben Zeugnis abzulegen:

„Wer darf ihn nennen, / wer bekennen: / Ich glaub ihn. / Wer empfinden / und sich unterwinden / zu sagen: Ich glaub ihn nicht." Faust spielt hier auf die innertheologische Debatte um „die Unaussprechbarkeit Gottes als des Unbegreiflichen und doch sich Offenbarenden, des Namenlosen und doch zugleich Allnamigen" an (Schöne, 324). Doch dann verlässt er die engere theologische Ebene und geht ins Subjektiv-Erotische über: „Der Allumfasser, / der Allerhalter, / fasst und erhält er nicht / dich, mich, sich selbst!" Und die Schöpfungserfahrung aufnehmend: „Wölbt sich der Himmel nicht da droben, / liegt die Erde nicht hier unten fest. / Und steigen freundlich blickend ewige Sterne nicht herauf. / Schau ich nicht Aug in Auge dir! / Und drängt nicht alles / nach Haupt und Herzen dir. / Und webt in ewigem Geheimnis / unsichtbar sichtbar neben dir? / Erfüll davon dein Herz, so groß es ist. / Und wenn du ganz in dem Gefühle selig bist, / nenn es dann, wie du willst. / Nenn's Glück! Herz! Liebe! Gott! / Ich habe keinen Namen dafür! Gefühl ist alles; / Name ist Schall und Rauch, / umnebelnd Himmelsglut."

Goethe nimmt hier Formulierungen Herders von 1774 auf, der zu umschreiben versucht, wie *logos* wiederzugeben wäre: „Kein Gedanke kann ihn (den göttlichen Geist) denken, kein Wort ihn nennen: kein Geschöpf sehen und empfinden ... ewig würksam, schaffend, Gedanke, Bild, Urkraft" (zit. Schöne, 246). Goethe macht jedoch daraus mit seiner „Rede Zauberfluß" ein verführerisches, pantheistisches Liebesbekenntnis, das die zögerliche Margarete mit Wortmagie umstimmen soll. Gott wird ausgegossen in die Liebe und in das Gefühl. Will der Katechismus Gott in den Werken der Natur aufzeigen, so will Faust mit seinem Credo des Gefühls Gott im Drang der Liebe aufweisen. Das mystische Gefühl umgreifender Liebe im Gottesbezug wird auf das Liebesverhältnis zwischen Menschen übertragen – im Gefühl selig sein ist das entscheidende Kriterium, in der Naturempfindung, in der Liebe, im Glücksgefühl, im Glauben. „Gefühl ist alles. Name ist Schall und Rauch." Gretchen jedoch bleibt skeptisch. „Das ist alles recht schön und gut, / ungefähr sagt das der Pfarrer auch, / nur mit ein bißchen andern Worten." Sie will dieser Transformation des Glaubens in ein Liebesgefühl nicht unbedingt zustimmen. Sie hat ja auch insofern recht, als sich Faust mit diesem Gefühlscredo geschickt aus der Affäre zu ziehen versteht, ohne ihre Frage zu beantworten.

Und natürlich weckt Fausts Begleiter Mephisto ihren Argwohn. Immerhin zeigt dieser Dialog, dass Religiosität als Gefühl noch vor Schleiermacher von Goethe geradezu hymnisch ausgedrückt wurde. Die Genealogie des Gedankens vom Glauben als Gefühl geht also von Lessing über Herder zu Goethe und Schleiermacher. Hat Schleiermacher die Faust-Verse gekannt und sich von ihnen begeistern lassen, als er die Reden über die Religion veröffentlichte?

c. Glaube als „Gefühl schlechthinniger Abhängigkeit"

Lessing mit seiner Anschauung vom Glauben als innerem Gefühl war gewissermaßen der Vorläufer Friedrich Daniel Schleiermachers. Schleiermacher hat als 31-jähriger in seinen *Reden über die Religion* (1799) als erster Theologe prononciert die Meinung vertreten, Religion sei „weder Denken noch Handeln, sondern Anschauung und Gefühl". Bewusst setzt er Religion von Moral und Metaphysik ab. „Sie will im Menschen nicht weniger, als in allem andern Endlichen und Einzelnen das Unendliche sehen, dessen Abdruck, dessen Darstellung." Insofern sei sie „Sinn und Geschmack für das Unendliche" (Schleiermacher, 1958, 29 f.). Mit großer Beredsamkeit und innerem Feuer wirbt er in diesen *Reden für die Gebildeten unter ihren Verächtern* für eine Religion des Gefühls, beschwört die Erinnerung an Spinoza, benutzt erotische Bilder und Vergleiche, um die in der Erfahrung des Unendlichen liegende Religiosität zu umschreiben.

In einer Skizze einer Theologie der Gefühle enthüllt er seinen Lesern, dass Gefühle, die sie kennen, aber nicht mit Religion in Verbindung brächten, letztlich religiös gestimmte Gefühle seien. Er nennt „die innige Ehrfurcht vor dem Unsichtbaren", die „ungekünstelte Demut", „innige Liebe und Zuneigung", das „Gefühl der Dankbarkeit", das „herzlichste Mitleid mit allem Schmerz und Leiden", „zerknirschende Reue", den Versöhnungs- und Umkehrwunsch. „Frömmigkeit nannten (die Alten) all diese Gefühle und bezogen sie unmittelbar auf die Religion, deren edelster Teil sie ihnen waren" (ebd. 61 f.). Das, was dann das religiöse System als Reue, Gnade, Frömmigkeit ordnet und beschreibt, seien Gefühle und Empfindungen, die es „nicht auf Handeln absehen, sondern sie kommen in sich selbst und endigen in sich selbst als Funktionen eures innersten und höchsten Lebens". Sogar der Anblick des unendlichen Universums mit seinem

„Schreck der Selbstvernichtung" wird die religiösen Menschen mit dem „Gefühl für das Unendliche in euch" belohnen (ebd. 92).

Berühmt geworden ist Schleiermachers Formel vom Glauben als „Gefühl der schlechthinnigen Abhängigkeit", die er in der *Glaubenslehre* (1830) entfaltet. „Das Gemeinsame aller noch so verschiedenen Äußerungen der Frömmigkeit, wodurch diese sich sogleich von allen anderen Gefühlen unterscheiden, also das sich selbst gleiche Wesen der Frömmigkeit ist dieses, daß wir uns unser selbst als schlechthin abhängig bewußt sind, oder, was dasselbe besagen will, als in Beziehung mit Gott bewußt sind." (Schleiermacher, 1960, 28 f.)

Schleiermacher versucht damit eine neue Definition der Allmacht Gottes. Wurde sie zuvor durch Erfahrungen wie das Erdbeben von Lissabon infrage gestellt (Wie kann ein gütiger und allmächtiger Gott das zulassen, die Guten mit den Bösen verderben?), so wird sie jetzt zur Quelle eines neuen Selbstbewusstseins. Gott löst sich in dieser komplizierten Sichtweise nicht in ein schlechthinniges, etwa ozeanisches Gefühl auf, sondern bleibt verbunden mit einer Reflexionskomponente (eben dem Bewusstsein der schlechthinnigen Abhängigkeit) und mit einer Deutungskomponente, insofern Gefühl und Bewusstsein mit der traditionellen Gottesrede verbunden werden sollen. Will sagen: „Das religiöse Gefühl (ist) immer schon ein in spezifischer Weise reflexiv imprägniertes Gefühl." (Jörg Herrmann)

Einer, der den Faden des frühen Schleiermacher aufnimmt, ist Rudolf Otto in seinem Klassiker *Das Heilige*. In diesem 1920 veröffentlichten Werk beschreibt er das Erlebnis des Heiligen als ein doppeltes Gefühl – als fascinosum und tremendum. Er betont, dass das Erlebnis des Heiligen zuerst Gefühlsreaktionen freisetzt, die dann in einem zweiten Schritt rational verarbeitet und kategorisiert werden.

Eine Theologie der Gefühle hätte also die Aufgabe, die dogmatisch-rationalen Begriffspaare wie Schöpfung und Erlösung, Sünde und Gnade, Rechtfertigung und Heiligung, auch die Trinität Gottvater, Sohn und Heiliger Geist auf ihren Erlebnisgehalt zu prüfen und diesen wieder emotional zugänglich zu machen. Das geschieht beispielsweise heute in den Gottesdiensten dann, wenn die Trinitätsformel durch erfahrungsbezogene Zusätze erläutert und zugleich in körperlichen Gesten darstellbar gemacht wird. Das Bibliodrama zieht die Bibel ins Leben, die alten Texte werden durch die spielenden Personen erfahrungsbezogen neu gelesen.

Im Gleichnis vom verlorenen Sohn gewinnt der zu Hause bleibende Sohn große Aktualität, weil das Gefühl der Benachteiligung zwischen Geschwistern eine dominierende Erfahrung ist und so im Feedback des Spiels reflektiert werden kann.

In der Theologie dominierte die Existenztheologie, bis sie von der Theologie der Hoffnung und der Befreiungstheologie abgelöst wurde. Große oder gemischte Gefühle spielten in ihnen keine wichtige Rolle. Nietzsches kurze Erzählung vom Mann mit der Laterne, der am hellichten Tag Gott sucht, ihn nicht findet und dann in die Klage ausbricht: „Gott ist tot. Wir haben ihn getötet", schien sich auf banale Weise zu erfüllen – der Gottesgedanke fiel fast unbemerkt und unbeklagt zu Boden, immer mehr Menschen traten aus der Kirche aus und die Mehrheit der Kirchenmitglieder verharrte in distanzierter Kirchlichkeit.

Zwar gab es eine gewisse Wiederkehr des Religiösen, die vor allem mit der islamischen Einwanderung nach Europa zusammenhing. Sie rief Ängste hervor und Proteste gegen Bräuche, die „uns fremd seien" – Kopftuch, Burka, Beschneidung, Moscheebauten und Minarette. Die aufgeregten Gefühle im Streit über religiöse Symbole und Rituale zeigen, dass man die eigenen Traditionen trotz Verweltlichung unserer sonstigen Sitten hochhält. Man verteidigt ein christliches Abendland, dessen konservative Werte Solidarität und Lebensschutz im Alltag nur eine geringe Rolle spielen.

Die parallel von der Neurowissenschaft angestoßenen wissenschaftlichen Debatten über Gefühle haben die Frage unabweisbar auch auf die Agenda der Theologie gesetzt. Sie muss sich mit den Gefühlen beschäftigen, weil sich die Offenbarung im Menschlich-Alltäglichen vollzieht und nicht in einer heiligen Sonderwelt. Der vorfindliche Mensch mit seinen Gefühlen von Dank, Angst, Wut, Trauer, Ekel und Mitleid ist derjenige, auf den die Erzählungen der Heilsgeschichte treffen, auf den die geistliche Musik einwirkt, der sich den räumlichen Erfahrungen von Religion ausgesetzt sieht, der die liturgischen Elemente des Gottesdienstes schmeckt und riecht, der sich berühren lässt von Segensgesten. Vor allem derjenige, der als Glaubender das Leben in seiner Widersprüchlichkeit (es ist schön, ist schrecklich) als von Gott getragen und durchwirkt erfährt. Wird Gott als Macht der Beziehung erfahren, kann diese Erfahrung kaum ganz ohne Gefühle sein.

d. Vom Bekehrungsgefühl
zur transzendierenden Kunsterfahrung

Ich komme zum Schluss noch einmal auf das Erlebnis der Bekehrung zurück, das wohl das stärkste religiöse Gefühl ist. Bekehrungserlebnisse gehören zu den eindrücklichsten christlichen Gefühlszeugnissen, handle es sich um Paulus, Augustinus, Franz von Assisi, Martin Luther, Jung-Stilling, Albert Schweitzer u.a. Ich selbst bin auch einmal „bekehrt" worden – von einem evangelistischen Prediger, Major Thomas von den englischen Fackelträgern, die in meiner Gemeinde einen Bibelkreis durchführten. Er zeigte mir, einem konfirmierten volkskirchlichen Jungen von 16 Jahren, dass ich erbsündig verloren sei, dass Christus für mich gestorben sei und mich aus meiner Verlorenheit befreien wolle. Er fragte mich, ob ich Jesus als meinen persönlichen Erlöser annehmen wolle. Dann betete er mit mir, dass ich mich ganz Jesus hingeben solle. Ich war befangen und aufgeregt. Ich weiß davon zumindest noch, dass das erwartete starke Gefühl der Seligkeit und Erlösung nicht eintrat. Keine Zentnerlast Sündenbewusstsein fiel von mir ab; ich wusste zwar, dass ich jetzt zu Christus und zu der Gemeinschaft der Fackelträger gehörte. Trotzdem fehlte etwas verglichen mit der Erwartung, die ich vor dem Gebet der Lebensübergabe an Jesus gehabt hatte. Wahrscheinlich war dies die natürliche Enttäuschung, die fast jeder Christ erfährt, wenn er die Wirkungen des Evangeliums, traditionell gesprochen die Heiligung, oder die transformierende Kraft der Sakramente an sich beobachten will.

Gustave Flaubert erzählt in seinem religionskritischen Roman *Bouvard und Pecuchet* folgende Szene: Der Skeptiker Bouvard entschließt sich, anlässlich der Erstkommunion der Kinder des Orts am Abendmahl teilzunehmen. Der große Augenblick ist da. Aber was ist die Folge? „Zu wiederholten Malen war ihm versichert worden, das Sakrament werde ihn umwandeln: nun lauerte er ein paar Tage auf den Blütenlenz in seiner Seele. Doch blieb er immer der Gleiche. Wie? Das Fleisch des Herrn geht ein in unser Fleisch und hat keinerlei Wirkung zur Folge." (Flaubert, 296)

Es gibt die schöne Geschichte vom Mönch, der seinen Glauben verloren hat. Er will den Orden verlassen. Er geht zum Abt und erzählt ihm von diesem Verlust. Doch der Abt rät ihm, dabeizubleiben und sich den Glauben der anderen anzuschauen. Dann könne er vielleicht selbst wieder glauben lernen. So war es in gewisser Weise auch mit mir. Mein mangelndes Gefühl des Errettetseins war nicht so schlimm, wenn ich in der Gruppe der anderen sang, betete und die Bibel auslegte. Es bewährte sich die alte Wahrheit von der gegenseitigen Tröstung in der Gemeinschaft der Gläubigen. Das ist lange her. Aber immer noch ist es der Friedensgruß beim Abendmahl und das gemeinsam gesprochene Vaterunser, die bei mir das innerste Gefühl des Glaubens stärken.

Jetzt im Alter – nach einem langen Berufsleben als Theologe und Pfarrer, nach gescheiterten Beziehungen und Krisen – hat sich mein religiöses Gefühl stark mit ästhetischen Erfahrungen amalgamiert. Ich kann oft nicht mehr sagen, ob meine Neigung, bis hin zu Tränen ergriffen zu sein, etwa von der Bachschen Arie mit obligater Oboe „Die Seele ruht in Jesu Händen, wenn Erde diesen Leib bedeckt" (BWV 127), noch etwas mit meinem Glauben zu tun hat oder vor allem eine mit dem Glauben vermischte Kunst-Erfahrung ist. Ich lege großen Wert auf die Texte, die der Musik zugrunde liegen. Mir ist es nicht egal, was gesungen wird. „Lesen Sie den Text", sage ich Musik hörenden jüngeren Menschen immer wieder. Dennoch werde ich den Verdacht nicht los, dass mein Ergriffensein vielleicht auf einem sentimentalen Gefühl beruht, sentimental in dem Sinn, dass ich mehr in dieser Kunst als im Glauben zu Hause bin und sie mir vor allem Vorschein einer besseren Welt ist. Aber dann, erwacht aus der Seligkeit der Bach-Arie, ist mir die vorfindliche Welt immer noch ein guter Ort, darauf zu leben und fröhlich zu sein. Wie sagte der sterbenskranke Christoph Schlingensief: „So schön wie auf Erden kann es im Himmel nicht sein."

Letztlich geht einem selbst vor dem erhabenen Kunstwerk doch die Erkenntnis auf, die sich überraschend beim sonst eher misanthropischen Thomas Bernhard findet: „Immer habe ich geglaubt, die Musik ist es, die mir alles bedeutet, manchmal ja auch die Philosophie. Aber alles das, die ganze Kunst, ist nichts gegen diesen einen einzigen geliebten Menschen … Wir können uns noch so viele große Geister und noch so viele Alte Meister als Gefährten genommen haben, sie ersetzen keinen Menschen." (Bernhard, 289)

LITERATUR

Bei Autoren, die mit mehreren Werken vertreten sind, ist im Text
das Jahr des Erscheinens des jeweiligen Buchs mit angegeben.

Hans-Jürgen Benedict, Barmherzigkeit und Diakonie. Von der rettenden Liebe zum
gelingenden Leben, Stuttgart 2008

Ders., Der Aufklärer. Wie G. E. Lessing die Religionen zur Toleranz ermunterte,
Berlin 2010

Walter Benjamin, Angelus Novus. Ausgewählte Schriften Bd. 2, Frankfurt/Main 1966

Gottfried Benn, Gedichte, Wiesbaden 1960

Thomas Bernhard, Alte Meister, Berlin 2011

Jon Blake/Axel Scheffler, He Duda; Weinheim/Basel 2009

Giovanni di Boccaccio, Das Dekameron, Frankfurt/M. 1972

Dietrich Bonhoeffer, Ethik, hgg. v. E. Bethge (1949), München 1963

Ders., Widerstand und Ergebung, hgg. v. E. Bethge (1951), München 1964

Bertolt Brecht, Gesammelte Werke 8. Gedichte 1, Frankfurt/M. 1967

Ders., Gesammelte Werke 11. Prosa 1, Frankfurt/M. 1967

Heinz Bude, Gesellschaft der Angst, München 2014

Matthias Claudius, Werke in einem Band, hgg. v. J. Perfahl, München 1984

Frank Crüsemann, Das Alte Testament als Grundlage der Diakonie, in: G. Schäfer/
Th. Strohm, Diakonie. Biblische Grundlagen und Orientierungen, Heidelberg 1990

Antonio Damasio, Descartes Irrtum, Frankfurt/M. 2004

Charles Darwin, Der Ausdruck der Gemütsbewegungen bei dem Menschen und den
Tieren (1872), Halle 1896

Friedrich Christian Delius, Mein Jahr als Mörder, Reinbek 2004

Albrecht Dürer, Katalog der Ausstellung in der Albertina, Wien 2003

Jürgen Ebach, Der Gott des Alten Testaments – ein Gott der Rache? in: JK 55, 1994, 130 ff.

Ders., Streiten mit Gott. Hiob. Teil 1, Neukirchen-Vluyn 1994

Hans Magnus Enzensberger, Kiosk, Frankfurt/M. 1995

Gustave Flaubert, Bouvard und Pecuchet, Zürich 1979

Sigmund Freud, Das Unbehagen in der Kultur, in: GW Bd XIV., Frankfurt/M. 1999

Arno Geiger, Der alte König in seinem Exil, München 2011

Lars Geiges/Stine Marg/Franz Walter, Pegida – Die schmutzige Seite der
Zivilgesellschaft?, Bielefeld 2015

Julien Green, Tagebücher 1928-1945, Wien 1952

Ulrich Greiner, Schamverlust. Vom Wandel der Gefühlskultur, Reinbek 2014

Johann Peter Hebel, Schatzkästlein des rheinischen Hausfreunds, Zürich 1950

Heinrich Heine, Deutschland. Ein Wintermärchen, in: Sämtliche Schriften, Bd 4,
München 2005

Ders., Ludwig Börne, in: Sämtliche Schriften, hgg. v. K. Briegleb, Bd. 4, München 2005

Ders., Ludwig Markus. Denkworte, in: Sämtliche Schriften, Bd. 5, München 2005

Jörg Herrmann, Gefühl und Religion. Anmerkungen zur Aktualität eines wenig beachte-
ten Zusammenhangs, in: ta katoptrizomena Nr. 70 (www. theomag.de/70/jh22.htm)

Felicitas Hoppe, Johanna. Roman, Frankfurt/M. 2008

Michel Houellebecq, Unterwerfung, Frankfurt/M. 2015

Gerald Hüther, Biologie der Angst. Wie aus Stress Gefühle werden, Göttingen 2012

Tilman Jens, Demenz. Abschied von meinem Vater, 2009

Hans Jonas, Die Gottesfrage nach Auschwitz, Frankfurt/M. 1987

Immanuel Kant, Über das Mißlingen aller philosophischen Versuche in der Theodizee,
in: Werke, hgg. v. W. Weischedel, Bd. 9, Frankfurt/M. 1968

Ders., Zur Metaphysik der Sitten, in: Werke, Bd. 8, Frankfurt 1968

Sören Kierkegaard, Der Begriff Angst, ed. L. Richter, Reinbek 1960

John Lanchester, Kapital. Roman, Stuttgart 2012

Gotthold Ephraim Lessing, Die Erziehung des Menschengeschlechts,
in: Werke in drei Bänden, Bd. 3, München 2003

Primo Levi, Die Atempause, Frankfurt/M. 1963

Ders., Die Untergegangenen und die Geretteten, München 1993

Thomas Mann, Der Zauberberg (1939), Frankfurt/M. 1959

Ders., Doktor Faustus – Das Leben des Tonsetzers Adrian Leverkühn, erzählt von
einem Freunde (1948), Frankfurt/M. 2007

Ders., Joseph und seine Brüder (1948), Frankfurt/M. 1962

Johann Baptist Metz/L.Kuid/A.Weisbrod, Compassion. Weltprogramm des Christentums,
Freiburg 2000

Friedrich Nietzsche, Ecce Homo, in: Sämtliche Werke 2, hgg. v. K. Schlechta,
Darmstadt 1963

George Orwell, Rache ist sauer, München 2003

Rudolf Otto, Das Heilige (1920), München 2006

K. Pörnbacher (Hg.), Barock. Lyrik. Drama. Predigten, Zürich o.J.

Philip Roth, Jedermann, München 2006

Rüdiger Safranski, Schiller oder: Die Erfindung des deutschen Idealismus, Frankfurt 2004

Jean Paul Sartre, Das Sein und das Nichts (1943), Reinbek 1993

Daniel Friedrich Ernst Schleiermacher, Glaubenslehre (1830), Berlin 1960

Ders., Über die Religion. Reden an die Gebildeten unter ihren Verächtern (1799), Hamburg 1958

Bernhard Schlink, Der Vorleser, Zürich 1995

Arthur Schopenhauer, Die Welt als Wille und Vorstellung, Bd. 1, Leipzig 1938

Ders., Über die Grundlage der Moral, Werke VI, Zürich 1977

Peter Sloterdijk, Zorn und Zeit, Frankfurt/M. 2006

Albrecht Schöne, J. W. Goethe, Faust. Kommentare, Frankfurt/M. 1999

Jan Söffner, Die Macht der Melancholie, in: Ingrid Kasten (Hg.), Machtvolle Gefühle, Berlin/New York 2010

Gerd Theißen, Die Religion der ersten Christen, Gütersloh 2000

Christoph Türcke, Philosophie des Traums, München 2008

C. Wassmann, Die Macht der Emotionen. Wie Gefühle unser Denken und Handeln beeinflussen, Frankfurt/M. 2010

Claus Westermann, Das Loben Gottes in den Psalmen, Göttingen 1961

Christa Wolf, Der geteilte Himmel, München 2012

DIE ZEIT, das lexikon, Bd 13, Hamburg 2005

Zeitgenossenschaft. Martin Warnke. Zum Auschwitz-Prozess 1964, Zürich-Berlin 2014